한류는 바람을 타고
한글은 쌍두마차를 타고

모든 인간은 하나님의 형상을 닮은 존엄한 존재입니다. 전 세계의 모든 사람들은 인종, 민족, 피부색, 문화, 언어에 관계없이 존귀합니다. 예영커뮤니케이션은 이러한 정신에 근거해 모든 인간이 존귀한 삶을 사는 데 필요한 지식과 문화를 예수 그리스도의 사랑으로 보급함으로써 우리가 속한 사회에 기여하고자 합니다.

한류는 바람을 타고 한글은 쌍두마차를 타고

초판 1쇄 찍은 날 · 2007년 1월 2일 | 초판 1쇄 펴낸 날 · 2007년 1월 5일

지은이 · 전택부 | 펴낸이 · 김승태

편집장 · 김은주 | **편집** · 이덕희, 최선혜, 방현주 | **디자인** · 이훈혜, 이은희, 정혜정
영업 · 변미영, 장완철, 김성환 | **물류** · 조용환, 엄인휘 | **드림빌더스** · 고종원

등록번호 · 제2-1349호(1992. 3. 31.) | **펴낸 곳** · 예영커뮤니케이션
주소 · (110-616) 서울 광화문우체국 사서함 1661호 | **홈페이지** · www.jeyoung.com
출판사업부 · T. (02)766-8931 F. (02)766-8934 e-mail: jeyoungedit@chol.com
출판유통사업부 · T. (02)766-7912 F. (02)766-8934 e-mail: jeyoung@chol.com
제작 예영 B&P · T. (02)2249-2506~7
인쇄 삼덕정판 · T. (02)465-4598

copyright ⓒ 2007, 전택부

ISBN 89-8350-703-9 (03810)

값 11,000원

- 저자와의 협의에 따라 '하느님'으로 일괄 표기하되, 말씀 인용의 경우에는 '하나님'으로 처리했습니다.
- YMCA와 'Y'의 표기는 저자의 원고를 기준으로 하여 혼용하였습니다.
- 본 저작물은 저작권법에 의하여 한국 내에서 보호를 받는 저작물이므로 무단 전재와 무단 복제를 금합니다.
- 잘못 만들어진 책은 교환해 드립니다.

한류는 바람을 타고 한글은 쌍두마차를 타고

전택부 지음

예영커뮤니케이션

1993년, 구의동 집에서

머리말
아버님의 수상집을 내면서

얼마 전 아버님께서 나를 부르시더니 원고를 내보이셨습니다. 그리고는 "이 글이 나의 마지막 책이 될 것 같으니 맏아들인 네가 책을 내보면 어떻겠니?"라고 물어 오셨습니다. 언제나 그래 왔듯이 이번에도 아버님은 명령하기보다는 의견을 물어 오신 것입니다. 생전 처음 있는 일이기에 나는 아버님 말씀을 따라 책을 펴내기로 하였습니다.

초등학생 시절 아버님께서 첫 번째 수필집인 『강아지의 항변』을 출판하셨을 때의 일입니다. 그때 밤을 꼬박 새워서 책을 단번에 읽었던 기억이 납니다. 그 후로 『Y맨의 세계 일주기』에 이어 지금까지 수십여 권의 책을 펴내셨는데 나는 이 글들을 통해 살아있는 삶의 의미와 용기, 그리고 가야할 길을 조금씩 배우면서 자라왔습니다.

아버님의 삶은 결코 돋보이거나 화려하지 않습니다. 오히려 누군가 가야할 길인데… 누군가는 꼭 해야할 일인데… 그런데도 아무도 관심을 두지 않는, 외면해 버리는, 무시하는, 포기하는, 내버린 일들, 혹은

망각해 버린 일들만을 찾아다니며 안타까워하고, 분노하고, 때로는 자존심을 놓아두고 구걸하기까지 하면서 그런 일들을 되살리는 일에 온 정열을 들여 투신하며 살아오신 분입니다. 그러니 남으로부터 인정받을 일은 안중에도 없이 꼭 있어야할 자리를 묵묵히 지키며 살아오셨습니다.

아버님께서 마음 깊이 간직하고 계신 주제는 아마도 겨레 사랑, 한글 사랑, 하느님 사랑일 것입니다. 겨레와 한글 사랑은 하느님 안에서 온전한 하나인 것이 틀림없어 보입니다. 아버님에게는 나라 없는, 한글 없는 하느님은 생각할 수조차 없기 때문이지요.

6년 전의 일입니다. 아버님은 한글날을 국경일로 되살려야 한다는 생각 하나만을 가지고 치솟는 분노를 감춘 채 '제발 한글날을 국경일로 되살려 주오' 하소연하러 청와대를 찾아 갔었습니다. 그 소원이 어찌나 간절했던지 당당히 걸어 들어가셨던 분이 갑자기 쓰러지셔서 곧바로 병원으로 후송되어야 했습니다. 뇌경색이었던 것인데 그때 일로 인해 아버님은 지금까지 불편한 몸으로 지내고 계십니다.

아버님의 애절한 하소연이 하늘에도 상달되어 2006년 드디어 한글날이 국경일로 회복되었습니다. 그래서 나는 2006년 10월 9일 국경일로 승격한 한글날을 기념하는 자리에서 아버님을 대신하여 공로패를 받게 되었습니다. 늘 그래 오셨듯이 이번에도 아버님은 그 자리에 없으셨습니다. "누군가 해야할 일이 이루어졌으면 됐지 무얼 더 바랄 게 있겠니." 하신 아버님은 그날 집에서 감사의 기도를 하고 계셨을 것입니다.

아버님! 또 한 권의 책을 펴내시게 된 것 축하드립니다. 한글날을 국경일로 회복시켜 주신 노고에 감사와 존경의 마음을 전합니다. 마지막 책이라고 하셨지만 아들은 아버님의 다음번 책을 진심으로 기대합니다. 무엇보다 자식들에게 한 인간으로 한 번도 실망스런 모습을 보여 준 적이 없으신 아버님께 감사드립니다.

어려운 중에도 이 책을 선뜻 출판해 주신 예영커뮤니케이션 김승태 사장님, 단아한 편집으로 품위를 입혀주신 김은주 편집장께 깊이 감사드립니다. 그리고 이대로 님, 나채운 교수님, 서정수 박사님께도 감사의 마음을 전합니다.

맏아들 전국재 목사
_ 청소년과 놀이문화연구소 소장

차례

머리말 7
축시 14

제1장 그의 나라를 위하여, YMCA운동

1. 유억겸 선생 23
2. 홍난파와 홍석후 선생 형제 27
3. 육당 최남선 선생 32
4. 해위 윤보선 전 대통령과 구자옥 총무 37
5. 김우현 목사와 이호빈 목사 43
6. 허정 선생과 이용설 박사 48
7. 이대위 선생과 최승만 선생 53
8. 피치 박사와 이환신 총무 59
9. 홍현설 박사와 최태섭 장로 65
10. 탁사 최병헌 목사 71
11. 오윤태 목사와 유석준 장로 76
12. 유광렬 선생과 박종화 선생 81
13. 성천 류달영 박사 87
14. 용재 백낙준 박사 91
15. 박정희 전 대통령과 스코필드 박사 97
16. 다석 유영모 선생 103
17. 서울 YMCA회관 2층 이사실에서 115

제2장 이 나라를 위하여, 한글운동

1. '한자 외면은 우민화 정책'에 반문한다   123
2. 한글날을 살려 주소   126
3. 광개토대왕비문이 한글로 됐다면   130
4. 스웨덴의 야외극장과 한류   134
5. 배은망덕은 말아야 살아남을 수 있다 – 나라를 위한 마지막 기도   138
6. 말의 힘, 한글이 있었기에   141
7. 인사말씀, "한글날을 국경일로" 셋째 매를 내면서   156
8. 한글날 국경일 승격 축하모임 인사말씀   159
9. 한류는 바람을 타고 한글은 쌍두마차를 타고   165

제3장 생사람 잡는 일이 되어서야

1. 우리 같이 청산 가자구요　173
2. 도우미 노래　175
3. 생로병사와 언론　177
4. 사람을 아낄 줄 알아야 한다　182
5. 생사람 잡는 일이 되어서야　187
6. 자유·인권 무시한 민족 통일은 없었다　193
7. 민주화 투쟁, 나에게도 기회가 있었지만　196
8. 그때 나는 문제아였다 - 광복 60주년 기념 '나의 1945년'　200
9. 아산이 아니면 나는 벌써 죽었을 것을　204
10. 버려진 돌　212
11. 씨와 을 그리고 씨을　216
12. 씨을의 힘　221

제4장 논설과 역사적 기록들

1. 파리기준(Paris Basis)의 개역과 헌장개정의 경유   229
2. 사회복지법인 교남재단의 어제와 오늘   237
3. 복음동지회와 그 회원들의 신학노선   256
4. 한글의 성서적 의미   271

오리 전택부 선생님 구순 축시
참 좋으신 어른

시인 나 채 운
전 장신대 교수 · 대학원 원장

우리의 참 좋으신 어른
오리 전택부 선생님

오늘 선생님의 구순 생신에
어쩌면 우리들의 마음이
이토록 기쁩니까?

단지 아흔 해의 연세가
참으로 복 받은 장수라고 해서가
아닙니다.

선생님의 아흔 해의 생애가
티 하나 없는 옥처럼 깨끗하고
성인처럼 고결해서입니다.
어느 가정에나 어른이 있어야 하고
나라에도 어른이 있어야 합니다.
어른은 곧 어린 사람들을 가르치는
스승이기 때문입니다.

오리 선생님은 참으로
한 가정의 어른만이 아니고
온 국민의 마음 속에
어른으로 존대를 받아 오셨습니다.

선생님의 생애는 결코
흔히 세상적인 기준으로
출세하신 것도, 성공하신 것도
아닙니다.

세상에서는 돈 많은 사람이 대접을 받는데
선생님에게는 돈도 없습니다.

세상에서는 지위 높은 사람이 존대를 받는데
선생님에게는 그런 지위가 있는 것도 아닙니다.

단지 선생님이 가지신 것은
깊으신 기독교 신앙과
뜨거운 나라사랑과
넓으신 학문과
고결하신 인격뿐이십니다.

선생님의 기독교 신앙은
개신교와 가톨릭을 함께 품으시는
개방적인 신앙이었습니다.
그래서 '그리스도교와 겨레문화연구회'를 만드시고

양쪽의 국어학자, 역사학자, 신학자를 다 모아
공동의 주기도문까지도 만드셨습니다.

선생님의 나라사랑은 정치인들이 하는 것처럼
말로만 하는 나라사랑이 아니었습니다.
선생님의 나라사랑은 한글 사랑으로 실천되어
팔십 노구를 이끄시고 한 여름 내내
국회의원들을 만나시고
마지막으로 청와대를 방문하신 날에
일시 신체적 장애를 일으켜
고생도 하셨으나
오히려, 한글날이 국경일이 된다면
그때 죽었어야 되는 것이라고
순국의 고백도 하셨습니다.

선생님의 학문은 참으로 넓습니다.
신학교를 중퇴하셨으나 신학자 이상으로
국어학을 전공하지 않으셨으나 국어학자 이상으로
국사학을 전공하지 않으셨으나 국사학자 이상으로
문인으로 등단하지 않으셨으나 저명한 문인 이상으로
신학자, 국어학자, 국사학자, 문인들이 못하는
연구를 하시고 글을 쓰신
무관의 교수요, 박사요, 학자요, 문인이십니다.

왕관을 쓰지 않아도 왕은 왕이요
용포를 입지 않아도 왕은 왕입니다.

용상에 앉지 않아도 왕은 왕입니다.
선생님은 참으로 학문과 문장에 있어
무관의 제왕이십니다.

선생님은 참으로 진정한 선비이십니다.
일찍부터 타고난 천성이신지
성경의 가르침을 받으셨음인지
추호의 물욕도 없으시고
추호의 명예욕도 없으시고
그저 평범한 보통인으로
꾸준한 선비로
조용한 애국자로
아흔의 생을 사셨습니다.

선생님의 생애는
기독교 신앙의 뿌리에서
나라사랑과 한글 사랑으로
잎을 내고, 꽃을 피우고,
열매를 맺으셨습니다.

"하나님의 나라와 그의 의를 구하라" 하신
예수님의 말씀 따라
하나님의 나라를 위해서는
일평생 YMCA를 이끌어 오셨고,
나라를 위해서는 한글운동을 하셨습니다.

선생님은 참으로 온 국민의 어른이십니다.
오래 전 KBS에서 7년간 사랑방 중계를 하심으로
온 국민의 어른이 되셨던 선생님은
종교에 관계 없이, 남녀노소에 관계 없이 온 국민에게
존경하는 스승, 다정하신 어른,
친근한 할아버지였습니다.

선생님은
기독교 안에서는 존경받는 장로님
어린 목사에게 기도를 부탁하시기까지
순진하고 겸허하신 마음은
참으로 기독교청년회의
총무다웠습니다.
교회 밖에서도 누구에게나
재치있는 유머로
다정한 친구가 되어 주시는
젊으신 어른, 참으로 편한
선생이셨습니다.

이제 아흔이 되신 선생님,
생전부귀요 사후문장이라고 하였는데
선생님께서는 생전에도
세속적 부귀는 없었지만
문장은 사후에도 길이 남을 것입니다.

좋은 글은 좋은 정신에서 나오기에
부디 백수가 넘도록 건강하셔서
좋은 글 후진들에게 남기셔서

그 깊으신 신앙과
그 뜨거운 나라사랑과
그 넓으신 학문과
그 고결하신 인격이

오고 오는 젊은 세대에 전하여져서
그들의 정신적 양식이 되어
삼십 배, 육십 배, 백 배의 열매를
이 나라에, 사회에, 가정에, 교회에
맺게 하소서.

제1장
그의 나라를 위하여, YMCA운동

〈일러두기〉

나는 YMCA 재직 중, YMCA 인물 54명을 골라 그 약전을 《청년靑年》지에 연재한 바 있다. 그런데 한국 YMCA 연맹이 그 약전을 100명까지 채워달라는 요청을 해 왔기 때문에, 계속해서 쓰게 된 것이다. 여기 수록된 25명의 약전 중 박정희 전 대통령과 스코필드 박사 2명을 제외하고는 모두 다 새로 써 가지고, "역사에 새겨진 사람들의 이야기"라는 제목으로 한국 YMCA연맹 기관지에다 연재한 것들이다. 그러므로 나는 이때까지 80명의 약전을 썼다. 나머지 20명의 약전은 대구·부산·광주·전주 등 지방의 역사가들이 써서 100명을 채워 주기를 바란다.

1. 유억겸 선생

유억겸(1895-1947) 선생은 1895년 10월 23일 서울에서 태어나 1947년 11월 18일, 53세로 작고했다. 장례식을 치르기 위하여 쌀고방에 들어가 쌀독을 열어보았더니 텅 비어 있어서 모두가 놀랐다고 했다. 그는 전형적인 애국지사형의 교육자로서, 청백리형의 법조인으로서 평생을 깨끗하게 살았다. 그는 잔악한 일제치하에서도 끝내 창씨개명을 하지 않고 살았다. 그는 저 유명한 개화론자 유길준의 아들이며 조선왕조 최후의 임금 순종과는 동서지간이다.

그러나 그는 주로 일본에서 교육을 받았다. 수재여야 입학이 가능했던 일본의 제3고高를 거쳐, 1922년에 도쿄 제국대학(현 도쿄대학교) 법학부를 졸업했다. 귀국 후 곧바로 연희전문학교(현 연세대학교)의 교수가 되어 교육계에 투신했다. 그는 변호사가 되기도 했다. 또 1924년부터 YMCA와 관계를 맺고 6년간 이사가 되기도 했으며, 소년척후단(보이

유억겸兪億兼(1895-1947)

스카우트) 부총재도 역임했다. 1925년에는 신흥우 총무를 단장으로 한 한국대표로 하와이 호놀룰루에서 열렸던 범태평양문제연구회에 송진우, 백관수, 김양수, 윤활란 등과 같이 참석했다. 8·15해방 후 미군정이 시작되자 그는 교육부장(문교부장)이 되었다.

그가 문교부장 재직 때의 일이다. 임진왜란 때 왜군에 의하여 파괴되었던 파고다공원의 13층탑을 복원시킨 일이다. 서울을 점령한 일본 침략군들은 이 탑을 보고 탐이 나서 탑을 해체해서 일본으로 가져가려고 했다. 병사들이 나무덕대와 사다리를 놓고 기어 올라가서 13층부터 하나씩 내리기 시작했다. 그런데 10층을 내리려던 병사들이 땅에 떨어져 피를 토하면서 직사했다. 이 바람에 해체작업을 지휘하던 왜장들은 천벌을 받는구나 싶어 벌벌 떨면서 달아나버리고 말았다. 그래서 8·15해방 때까지 윗부분의 세 층 탑은 땅바닥에 버려진 채 있었던 것이다.

참말 부끄럽고 창피한 말이지만, 침략군들이 물러난 뒤 국민들은 그 돌에 무슨 귀신이 붙어 있어 함부로 다루다가는 왜군처럼 죽는다고 해서 올려놓지 못했다. 또한 일정 때에는 왜경에서 잡혀갈까 무서워서 그냥 버려두었던 것이다.

이 탑은 본래 1467년(세종 13년)에 완성된 것이다. 대리석으로 만든 것인데, 뿔이 많은 亞자 모양의 밑단基壇 3층 위에 다시 3층까지는 중루重樓로 되고, 그 위는 네모꼴로 되어 있다. 각 층마다 사면에 석가모니의 설법상 등 부처·보살·신장神將 등을 빈틈없이 아로새겨 그 조각 솜씨는 조선왕조 시대의 석조 미술작품 중 가장 뛰어날 정도이다. 우리 정부는 이 탑을 국보 제2호로 지정했던 것이다.

이 탑이 세워져 있는 탑골공원을 파고다공원이라고 부르게 된 데에도 사연이 있다. 바로 황성기독교청년회(서울YMCA)의 창립이사 12명 중의 한 사람이던 영국인 브라운(J. M. Brown) 때문이다. 한국명으로 백탁안白卓安이라고도 불리던 브라운 씨는 구한국 정부의 재정고문 겸 해관 총세무사로서 고종황제의 총애를 받고 있던 사람인데, 그의 진언에 따라 이 공원을 파고다공원이라 부르기 시작했던 것이다.

한편 8·15해방이 되고 한때, 해위海葦 윤보선 전 대통령의 안국동 집은 YMCA의 사랑방 구실을 하고 있었다. 평소 허물없이 가까이 지내던 서울 토박이 Y지도자들이 가끔 모여 바둑도 두고 놀음도 하며 가까이 지냈던 것이다. 그런데 하루는 유억겸 씨가 뒤늦게 들어오면서 "오늘 나 벼슬 하나 했어." 하는 것이었다. 친구들이 "무슨 벼슬을 했단 말이야?" 물었더니, 미군정의 문교부장(오늘의 문화교육부장관)이 되었다고 했다.

친구들은 이 말을 듣고 "자네가 문교부장이 된 것 진심으로 축하하

네! 그런데 재직 중에 꼭 하나 해야할 일이 있어! 자네도 알다시피 임진왜란 때에 왜병들이 가지고 가려다가 실패하고 지금까지 땅바닥에 내동댕이쳐져 있는, 저 파고다공원의 13층탑 말이야. 그걸 자네가 문교부장 재직 중에 올려 놓으라구!" 했던 것이다.

유억겸 씨는 친구들의 이 말을 마음 속 깊이 간직하고 있다가 자기의 고문으로 있던 미국장교에게 이 탑에 대한 왜군들의 잔악한 행위와 국민의 감정을 말해 주었다. 이에 그 미군장교는 당장 현장 조사를 단행하고, 공병대를 동원하여 기중기로 꼭대기 세 층 탑을 제자리에 올려놓았던 것이다. 그 때가 바로 1946년 2월 17일, 그가 문교부장에 취임한 지 34일째 되는 날이었다.

그럼에도 불구하고 오늘날 역사가들은 이 사실을 통 모르고 있다. 참으로 한심한 일이다. 『국사대사전』의 저자 이홍직 씨는 "1946년 2월 17일, 당시 한국에 주둔하고 있던 미공병대에 의하여 기중기로 올려졌다."고 썼을 뿐, 한국인 누구에 의하여 올려졌다는 얘기는 하나도 없다.

이 얘기는 당시 해위 윤보선 전 대통령의 안국동집 사랑방 친구 중의 한 분이었던 김우현 목사에게서 들은 얘기다. 그 사랑방은 당시 YMCA 총무 구자옥을 비롯하여 유억겸, 변영로, 이관구, 이춘호, 현동완 등 서울 토박이들이 자주 모이는 곳이었다.

2004년 3월 12일

2. 홍난파와 홍석후 선생 형제

홍난파(1898-1941)의 본 이름은 홍영후洪永厚이고 난파蘭波는 그의 아호이다. 한편 홍석후洪錫厚의 아호는 금파錦波이다. 그러나 홍영후라 하면 그가 홍난파인지를 모르고, 홍금파라 하면 그가 홍석후인지를 모른다. 그들은 친형제간이다. 형 홍석후는 1881년 생, 아우 홍난파는 1898년 생, 둘 다 경기도 수원 태생이다. 홍난파는 1914년 YMCA 학관 중학부 제5회 졸업생이고, 홍석후는 YMCA회관에다 병원을 차리고 개업을 했던 한국 최초의 안과·이비인후과 의사이다. 그들은 YMCA와는 떼려야 뗄 수 없는 인연을 맺고 있었다.

홍석후는 1908년 세브란스의전 제1회 졸업생이며, 졸업한 뒤 세브란스병원(당시 재중원) 일도 보고 학생들을 가르치기도 했다. 그는 독실한 기독교 신자였으나 술을 좋아했다. 그는 술친구들을 모아 계를 조직해 가지고 가끔 술판을 벌였다. 그때마다 그는 흥이 나서 춤을 추면서

홍난파洪蘭坡(1898-1941)

한국 고유의 멋을 유감없이 발휘했다. 그러니까 어느 날 교계의 유력한 목사 한 사람이 세브란스병원 원장 어비슨 박사를 찾아가서 "당신 학교 교직원 중에 술 마시는 사람이 있다면 처단해야할 것이 아니오?" 라고 말을 했다.

어비슨 박사는 이 말을 듣고 "여보세요, 목사님. 목사님은 남의 일에 간섭하지 말고 당신 일이나 잘 하시오. 그 사람은 우리 병원에서 환자들을 잘 보고 학생들도 잘 가르치고 있습니다. 술을 많이 마셔도 다음날 병원에서 일하는 데는 아무런 지장이 없습니다. 나는 그들의 사생활까지 간섭할 순 없습니다." 라고 잘라 말했다.

이처럼 그는 어비슨 박사의 신임을 받아 1917년 안과와 이비인후과의 과장이 되었다. 또한 낮에는 병원에서 일을 하고, 밤에는 밖에 나가서 개인병원을 운영하도록 배려해 주었다. 그리하여 그는 종로YMCA 건물에다 '홍석후 안과·이비인후과 병원' 이라는 간판을 내걸게 되었다. 이것이 곧 종로 네거리에 역사상 처음 나타난 현대식 병원이다.

1921년에는 미국 유학을 갔다. 그는 일정한 학교에 다니지 않고 안과와 이비인후과의 권위자를 찾아다니면서 수련을 받았다. 2년 동안 수련을 받은 후에 귀국하여 또다시 낮에는 세브란스병원 일을 하고, 밤에는 YMCA회관에 나가서 환자들을 돌봤다. 1931년부터는 세브란스병원 일은 아주 그만두고 개인병원 일에만 열중했다. 그러다가 그는 1940년 향년 60세로 작고했다.

1910년 한일합방 이후 서울 장안에는 '바보클럽'이라는 비밀집단이 생겼다. 미국에서 박사 학위를 받고 잠시 귀국하여 YMCA 학생부 학감이 된 이승만을 비롯하여, 김규식·신흥우·육정수·최재학·송언용·백상규 등 YMCA와 관계된 애국지사들로 구성된 이 바보클럽 회원들은 산기슭이나 강가로 피해 다니면서 모였고, 집에서 모일 때에는 옛날 서린동에 있던 백상규白象奎의 대가집 사랑방에서 모였다. 그러면서 그들은 '우리들은 하고 싶은 말도 못하며 사는 바보들'이라면서 개탄하곤 했다. 홍석후는 이 바보클럽의 간사 격이었다.

아우 홍난파가 1920년 일본유학을 갔을 때의 일이다. 여름방학의 어느 주일 수주 변영로·정구충 등 친구들과 같이 후지 산이 멀리 바라보이는 경치 좋은 해변으로 해수욕을 갔다. 그런데 도중에 홍난파가 온데간데없이 어딘론가 사라졌다. 여기저기 찾아보던 친구들은 홍난파가 무성한 나무 그늘 밑에서 신들린 사람처럼 손짓발짓하며 노래를 부르는 것을 발견했다. 홍난파는 친구들을 보고 "자네들은 이런 선경은 모르고 해수욕만 하는가?" 하는 것 아닌가. 친구들은 후지 산의 경치를 두고 하는 말인 줄 알고 "후지 산의 경치는 참 좋아!" 했더니, 그는 "아니야, 내가 부르는 이 봉선화 노래의 경치 말이야." 하는 것이었다.

　　울밑에선 봉선화야, 내 모양이 처량하다
　　길고 긴 날 여름철에, 아름답게 꽃필 적에,
　　어여쁘신 아가씨들, 너를 반겨 놀았도다.

　　어언간에 여름가고, 가을바람 솔솔불어
　　아름다운 꽃송이를 모질게도 침노하니
　　낙화로다 늙어졌다, 네 모양이 처량하다.

　　북풍한설 찬바람에, 네 형체가 없어져도
　　평화로운 꿈을 꾸는 너의 혼이 예있으니
　　화창스런 봄바람에 회생키를 바라노라.

　　김형준金亨俊의 작사에다 곡을 붙이고 나서 그렇게 흥이 나서 불렀던 것이다. 이 노래에는 민족 광복의 염원이 담겨있다 해서 일정 때에는 금지곡으로 되어 있었다.
　　8·15해방 후 여수·순천 사건 때의 일이다. 양민 150명이 반동분자로 몰려 어느 초등학교 강당에 갇혀 있었다. 그들은 죽을 날만 기다리고 있을 적에, 공비 두목이 나타나더니 "너희들은 죽기 전에 무슨 소원이 있으면 말해 봐라, 들어줄게!" 하는 것이었다. 그래서 어떤 사람은 제발 살려 달라고 애원을 했고, 어떤 사람은 부모님께 편지를 쓸 테니, 전해달라고 했다. 그중 한 청년은 노래를 한 곡 부르게 해 달라고 청하

는 것이었다. 그래서 부르라고 했더니, 그 청년은 바로 이 봉선화를 흐느끼며 처량하게 불렀다. 1절부터 3절까지 전부를!

그 공비두목은 머리를 수그린 채 앉아서 듣다가 갑자기 벌떡 일어나 강당 문을 발길로 차 열어젖히면서, "야, 이 개새끼들, 다 나가! 차마 죽이지 못하겠다."라며 고함을 치는 것이었다. 그래서 그 150명의 양민들은 죽음을 면했던 것이다.

이 얘기는 내가 당시 나의 친구, 국군 정훈장교에게서 들었다. 나는 이 얘기를 듣는 순간, 이 땅에 평화로운 꿈을 꾸는 혼이 하나라도 있는 한, 이 나라는 절대로 망하지 않을 것이라고 확신하게 되었던 것이다.

2004년 3월 19일

3. 육당 최남선 선생

최남선(1890-1957) 선생은 위대한 시인이요 문필가이며, 위대한 사상가요 역사가이다. 이런 사람의 생애와 사상을 제한된 지면에다 어찌 다 담아낼 수 있겠는가? 그래서 나는 여기서 세상에 알려져 있지 않은 이야기 몇 가지만을 골라 쓰기로 한다.

첫째로, 그는 한국 신문학의 개척자이다. "처...ㄹ 썩, 처...ㄹ 썩, 척, 쏴... 아", 1908년 《소년지》 창간호에 발표한 「해에게서 소년에게」를 비롯하여 「샛별」 등 수많은 시와 시조를 남겼다. 그러나 세상은 그가 YMCA 회가 즉 "청년은 나라의 보배 시대의 자랑"의 작사자인 줄은 모르고 있다. 1953년 Y 창립 50주년 때에 쓴 가사이다.

둘째로, 세상은 그가 한국Y 역사를 제일 먼저 쓴 역사가인 줄은 모른다. 『대한황성기독교청년회 약사』의 저자이다. 이것도 Y 창립 50주년 때에 쓴 것이다. 역사서로서는 소품이지만 한국 역사상 최초의 Y역사물이다. 또 다른 글에서 그는 한국Y의 공헌을 (1)교양강연회 (2)토론회 (3)환등회 (4)음악회 (5)직업교육과 사회교육 (6)체육활동 (7)농촌사업 등 한국Y의 한국문화 및 민주화 발전으로 들었다.

셋째로 세상은 그가 기독교 독립사상가인 줄은 잘 모르고 있다. 그가 쓴 3·1 독립선언문에서는 어느 민족에서도 찾아볼 수 없는 뛰어난 문장과 기독교사상을 발견하고 놀라지 않을 수 없다.

1956년 2월 어느 날, 나는 그를 병문안 차 찾아갔다가 몇 가지 질문을 했다. 첫째로 "아무런 예비지식 없이 3·1 독립선언문을 읽어보면 이 선언문은 어떤 기독교 사상가에 의하여 쓰어졌다고 느껴질 만큼 기독교 사상이 많이 들어있는데, 선생께서는 기독교와 무슨 관계가 있습니까?"라고 물었다. 그랬더니 첫마디로 그는 "내게서 기독교 사상을 빼면 아무것도 없지요." 하는 것이었다. 그리고는 계속해서, 자기는 어릴 적부터 성경을 많이 읽었다는 것, 신구약성경뿐만 아니라 외경外徑도 많이 읽었다는 것, 그래서 기독교 사상을 가지게 되었다는 것이다.

둘째로 나는 묻기를 "그렇다면 어떤 사람의 감화를 많이 받았습니까?" 했더니, 그는 한때 러시아의 문호 톨스토이에게 심취되어 그의 작품이면 무엇이나 다 구해 가지고 탐독했다는 것, 그러나 "한국인으로서는 전덕기全德基목사의 감화가 컸습니다. 그는 독실한 신앙인일 뿐만 아니라 열렬한 애국자입니다. 전덕기 목사가 섬기는 상동교회 뒷방에서 이회영李會榮, 이준李儁, 안창호安昌浩 등 애국지사들이 많이 모여 국사를 논했는데, 나는 거기서 물심부름을 하면서 자랐습니다." 하는 것이었다.

최남선崔南善(1890-1957)

그때 일문일답 내용을 다시 간추려 보면, (1)헤이그밀사 사건도 상동교회 뒷방과 종로 기독교청년회관 다락방을 왔다 갔다 하면서 꾸며진 것이며, (2)정의니 자유니, 독립이니 하는 말들은 우리나라에는 본래 없던 말인데, 기독교를 통해서 수입된 말들이며, (3)무저항 비폭력 정신도 기독교 정신인데, 톨스토이에게서도 배워 알게 되었다는 것이었다.

이런 말을 듣고 나는 가만히 있을 수가 없었다. 그가 죽기 전에 발표해야 고증이 되겠기에 나는 당시 기독교 주간신문 《한국기독교신보》(1956년 2월 25일자)에다 "한국 근대사와 기독교, 3·1 독립정신"이라는 제목의 글을 썼다. 그리고 육당 선생을 찾아가 그 신문을 보여드렸다. 그랬더니 그는 "참 잘했어." 하며 자못 흐뭇해하는 것이었다.

또 하루는 그의 병실로 찾아갔더니 매우 안타까워하는 눈치였다. 그러면서 "한국 근대사를 쓰기로 USIS(미국공보원)와 계약까지 했는데, 그것만은 꼭 쓰고 죽어야 할 텐데⋯⋯." 하는 것이었다. 그리고는 다시 입을 열어 "자네에게만 하는 말이야, 8·15해방 후 내가 친일파로 몰려 반민특위에까지 걸렸는데, 그래도 싸지요! 변명할 생각은 추호도 없어!

그러나 내가 만주에 가서 건국대학 교수가 된 것은, 만주에 가서 오래 있지 않고서는 한국 고대사를 바로 알 수가 없기 때문이야. 총독부 조선사편찬위원이 된 것도 일본사람들이 우리의 귀중한 고대문헌을 모조리 입수하여 더러는 태워버리고 더러는 그네들이 가지고 있었기 때문에 그것을 보러 들어갔던 거야." 하는 것이었다.

　육당 선생은 1957년 10월 10일 죽기 전에 천주교 신부에게서 영세를 받았다. 이에 대하여 『한국인물사』의 저자 이리화李離和 씨는 "어릴 때 을지로 2가 집 근처에 있던 제중원(세브란스병원의 전신)에 드나들며 성경과 서양역사를 읽었다."고 썼던 그가 천주교에 귀의하여 영세(1956년 11월) 받은 것을 비난했다. 또 "단군 숭배의 정신과 우리 민족의 무속을 파고들었던 그로서는 이가 맞지 않는 것"이라고 평했는데, 기독교신자이면 의례 단군할아버지를 부인해야 한다는 말인지, 또 조상 숭배는 무조건 우상 숭배로 배격해야 한다는 말인지, 어찌하여 역사가인 그가 자신의 분야도 아닌 신앙문제에 대하여 왈가왈부하는지 납득이 잘 안 간다. 그야말로 식민지사관에 빠져든 역사가가 아닌지 의심이 간다.

　끝으로 YMCA 회가 제1절은 "청년은 나라 보배 시대의 자랑 / 깨끗한 영혼과 몸 바른 슬기로 / 세상의 소금이요 등불 되도록 / 의롭고 아름다운 환경을 주자"로 되어 있는데, 맨 끝의 "환경을 주자"를 "청년이 되자"로 고쳤으면 한다.

　왜냐하면 YMCA는 처음부터 청년들 스스로의 자율적인 운동체로 출발했기 때문이다. 1884년 영국 런던에서 일어난 국제공산당 운동은 독일인 칼 마르크스가 영국에 갔다가 노동자들의 참상을 보고 '만국의 노동자들이여, 단결하라!' 해서 일어난 것이다. 하지만 YMCA는 어떤 지도자나 기성인물이 주동하여 일어난 운동은 아니었다. Y운동은 20세 미만의 노동자들이 스스로의 운명을 개척하기 위하여 자율적으로 만든 운동이었다. 지금도 변함없이 Y운동은 청년들의 자율성이 유지되어야 할 것이다.

2004년 3월 25일

4. 해위 윤보선 전 대통령과 구자옥 총무

한국사람 치고 좌옹佐翁 윤치호尹致昊라 하면 모르는 사람이 없을 것이다. 또한 해위海葦 윤보선尹潽善(1897-1990)이라 하면 모르는 사람이 없을 것이다. 그러나 윤보선의 아버지 윤치소尹致昭와 윤치호尹致昊가 사촌 형제간이라는 사실은 잘 모를 것이다. 이 두 사람은 윤 씨 가문을 한국 현대사의 명문대가로 부상시킨 인물들이다.

가령 예를 들어, 대한민국 제4대 대통령 윤보선은 윤치소의 장남인 동시에 윤치호의 조카이며, 제헌국회의 부의장과 국회의장을 지낸 바 있는 윤치영尹致暎은 위 두 사람의 사촌동생이며, 서울대학의 총장을 지낸 바 있는 윤일선尹日善은 위 두 사람의 조카이며, 대한민국 초대 농림부 장관과 YMCA 총무를 지낸 바 있는 윤영선尹永善은 윤치호의 장남인 동시에 윤치소의 조카이다.

그런데 윤치소는 윤치호처럼 민족운동과 사회운동의 일선에서 뛴

윤보선
尹潽善(1897-1990)

구자옥
具滋玉(1891-1950 납북)

사람은 아니다. 그는 그 운동의 배후 인물이다. 그는 경륜가이며 재산가이다. 그는 그의 사촌형 윤치호가 YMCA 회장, 또는 총무로 있을 때에는 Y 이사 또는 위원으로서 그를 도와주었다. 윤치호가 흥업구락부興業俱樂部의 회장이었을 때는 많은 돈을 모아가지고 미국에 있는 이승만 박사에게 보내주었다.

또한 그는 월남 이상재 선생이 1920년 '조선 민립대학' 건설운동을 할 때 안국동 소재 자기의 저택을 집회 장소로 제공했으며, 그 밖의 필요한 지원을 해 주었다. 1917년 안동교회의 장로가 되어서부터는 예배당의 신축과 발전에 큰 도움을 주었다.

윤치소 장로는 하느님 사랑과 나라사랑의 정신을 친족들에게 몸소 보여주었다. 타고난 성품이 자애로우면서도 엄격해서 가족들 중에 어느 하나가 종이 한 장이나 노끈 하나라도 낭비하면 가차없이 꾸지람을 했다. 그러나 나라와 공공사업을 위해서는 돈과 노력을 아낌없이 바쳤다. 또한 그는 윤 씨 가문이나 사회에서 어떤 크고 작은 문제가 생기면 언제든지 화해 및 해결사의 역할을 했다. 그러나 자기 이름은 감추고 남을 위해서만 봉사했다.

윤보선尹潽善은 이런 아버지의 장남으로 1897년 8월 28일 충남 아산에서 태어났다. 아호는 해위海葦, 일찍이 눈을 해외에 돌려 현해탄을 건너 일본 게이오의숙 중학부를 졸업했다. 1920년에는 중국으로 넘어가 임시정부 의정원 충남忠南대의원이 되었고, 청년단원으로도 활약했다. 그러나 그는 무력투쟁보다 실력배양이 앞서야한다는 판단아래 영국유학을 결심했다. 그는 드디어 영국 에딘버러 대학에 입학했다.

1921년 그가 영국으로 갈 때의 일이다. 배 안에서 우연히 상해 임시정부의 국무총리 이동휘李東輝(1873-1935)를 만났다. 이극로李克魯는 그의 통역으로 동행중이었다. 훗날 대한민국 대통령이 될 청년 윤보선과 임시정부의 국무총리인 노정치가가 이렇게 선상에서 만날 줄 누가 상상이나 했겠는가?

이동휘 일행은 중국인으로 변성명하고 이등실에 타고 있었으며, 윤보선은 삼등실에 타고 있었다. 이동휘는 모스크바에서 열리는 국제공산당 세계대회에 참석차 가는 중이었다. 그러나 배가 싱가포르에 도착하자 비밀정보원들에게 끌려 육지로 내려가는 것이 아닌가? 윤보선은 이걸 보고 하늘이 무너지는 듯 괴로웠다. 그러나 무사히 통과되어 배 안에서 다시 만나 대화를 나누게 됐던 것이다. 이때 그들의 대화는 비장하고도 놀라운 하나의 연극과 같은 것이었다.

윤보선은 2년간의 영국 유학을 마치고 귀국한 후 8·15해방이 될 때까지 특별히 한 일이 없다. 오랫동안 침묵으로 일관했던 것이다. 다만 가끔씩 자기의 절친한 Y친구들을 자기집 사랑방으로 오게 하여 다과도 나누고 시국담도 나누면서 소일을 했다.

그런데 눈 내리는 어느 겨울날이었다. 평소 제일 먼저 와서 반장 노릇을 했던 구자옥具滋玉(YMCA 총무)이 안 보이는 것이었다. 그래서 누군가가 "월이가 안보이네, 무슨 일이 생겼나?" 하며 걱정을 하고 있을 때, 구자옥이 쪽대문을 살그머니 열고 눈길을 바삭바삭 밟으면서 걸어 들어오는 것이었다. 이걸 보고 유억겸兪億兼이 즉흥적으로 시 한 수를 지어 불렀다.

"워리워리 踏雪來"
　　워리워리 불렀더니 눈길을 밟으며 오는구나
"滋玉 滋玉 梅花開"
　　눈 위에 새겨진 그의 발자옥(滋玉)은 활짝 핀 매화같구나

친구들은 이 시를 듣고 폭소를 터뜨리며 박수갈채를 했다. 잘 묘사된 시였기 때문이었다. 조그마한 체구에 살금살금 들어오는 그의 모습이라든가 매화꽃처럼 은은한 향기 풍기는 그의 행적 등이 잘 묘사되었기 때문이었다. 그리고 왜 그를 워리워리 했는가 하면, 그가 집 잘 지키는 개처럼 YMCA를 잘 지킨다고 해서 친구들이 그의 성 구具자를 개 구狗자로 고쳐서 놀려주었기 때문이다.

구자옥은 1891년 서울 태생, 일찍이 한성 영어학교를 졸업하고 1917년부터 Y 운동에 투신했다. 1921년부터는 Y 전문지도자 양성대학인 미국 시카고에 있는 조지윌리암스 대학에 입학, 2년간의 수업을 마치고 귀국했다. 이로써 그는 한국Y 역사상 최초로 Y 간사 자격을 갖춘 Y 전문지도자가 되었다. 그는 서울Y의 여러 부서의 담당간사로 일하다가 1935년 서울Y 총무가 되고 1938년 YMCA가 일제에 의하여 강제 해산된 뒤 명목상으로나마 Y연합회의 총무직을 겸하고 있었다. 그러나 그는 1946년 미군정의 시작과 더불어 경기도지사로 발탁되었다가 1950년 6·25때 납북되고 말았다.

한국Y는 일제 말기 극심한 탄압을 받았으나, 그는 Y 총무 자리를 사수했다. 그는 창씨개명도 하지 않았다. 마지 못해서 집 가家자 한자를 붙여서 구가자옥具家滋玉이라 했다. 그것이 도리어 '죽어도 일본사람은 되지 않겠다'는 굳은 결의표명이 되어서 일본 사람들의 간담을 서늘케 했던 것이다.

'아, 일편단심 Y만을 위해, Y만을 지키며 살다가 납북되신 구자옥 선생님, 선생님이 우리 곁을 떠나신 지도 언 54년이 되었구려! 남아있는 우리 후진들은 멀리 북녘땅만 바라보며 슬퍼할 따름입니다.'

한편, 윤보선 선생은 Y 회장이나 총무 이상으로 큰일을 했다. 무엇인가 하면, 1986년 '월남 이상재 선생 동상건립위원회'의 명예회장으로서, 그 위원장 김상협金相浹을 앞세우고, 종로3가 종묘 앞 시민공원에다가 웅대한 동상을 세우는 데 성공했던 것이다. 이 자리는 종로 Y에서도 가깝고, 월남 선생이 생존시 아침저녁으로 지나다니시던 곳이어서 더욱 의미가 깊다 하겠다. 이에 대하여 우리 후진들은 머리숙여 감사할 따름이다. 해위 선생은 그로부터 4년 뒤, 1990년 7월 18일 작고하셨다.

2004년 4월 17일

5. 김우현 목사와 이호빈 목사

김우현(1895-1989) 목사는 장로교 목사, 아호는 두산斗山이고, 이호빈李浩彬 목사(1898-1989)는 감리교 목사, 아호는 우원友園이다. 김우현金禹鉉 목사는 서울 태생이고 이호빈 목사는 평남 태생이다. 그러나 이 두 목사는 종교개혁적인 지도자로서 거의 같은 길을 걸어왔고, 다 같이 YMCA운동을 했다는 점에 있어서는 공통점이 많다. 또한 두산과 우원은 절친한 친구 사이다.

두산은 민충정공이 세운 흥화興化학교를 졸업하고, 23세 때 마산 대창大昌학교에서 교편을 잡았다. 때마침 3·1독립운동이 일어나자 그는 친구 이당以堂 김은호 화백이 보내 준 독립선언서를 등사판으로 밀어 창원·진영 등지에서 장꾼들에게 뿌리면서 만세운동을 주도하다가 1년 6개월의 징역선고를 받았다. 옥중에서 그는 기독교 신자가 되었다. 그는 출옥 후 일본으로 건너가 고베신학교에 입학했고, 4년간 신학을 전공했다. 1926년부터 그는 서울 안동교회 목사가 되어 13년간 목회를

김우현
金禹鉉(1895-1989)

이호빈
李浩彬(1898-1989)

했다. 1966년부터는 한길교회 목사로 23년간 목회를 했다.

한길교회는 장로교회에서 갈라져 나온 교회이다. 교권주의, 교파 싸움, 신앙의 계율화와 무속화로 죽어가는 교회를 살려야 한다는 취지로 삼무교회三無敎會 즉 무교파, 무건물, 무보수를 표상하고 나섰던 평신도교회이다. 김 목사는 이러한 한길교회의 정신에 공감하여 23년간이나 무보수로 그 교회를 섬겼던 것이다.

김 목사는 일본 유학시절부터 우치무라內村鑑三의 무교회주의 신앙의 영향을 받아 무교회주의자가 아닌 무교회주의 신앙가로 알려졌던 사람이다. 김 목사는 성경을 읽어도 요한복음을 편독했다. 제도나 계율보다 은혜와 생명을 존중하여 "신구약성서가 다 없어져도 요한복음 하나만 남아 있으면 된다."고 하면서 『요한복음 요해』, 『생명에 관한 21장』 등의 저서를 남겼다.

반면에 이호빈 목사는 일찍이 예수를 믿고, 1917년 감리교 협동신학교를 졸업했다. 그 뒤 일본 관서신학교를 다닌 적도 있고, 1947년에는 일본 성서신학교를 졸업했다. 목회는 1927년부터 시작했는데, 1931

년부터는 만주 훈춘에 있는 구사평교회에서 목회를 했다. 1932년부터는 부패한 한국교회를 개혁한다는 목적으로 이용도李龍道 목사와 백남주白南柱 목사 등과 같이 교회개혁운동에 발 벗고 나섰다.

그리하여 그는 드디어 1933년에 '예수교회'라는 새 교단을 창설했다. "무기력한 교회의 재생은 부흥운동으로 가능하다. 부흥운동은 회개와 기도와 사랑의 실천으로 가능하다."라고 말한 이용도 목사와 같이 히브리어와 라틴어에 능하여 새로 요한복음을 번역하였으며, 토마스 아 켐피스의 『그리스도를 본받아』, 성 어거스틴의 『참회록』, 스웨덴보르그의 『천계와 지옥』, 선다싱에 대한 연구 등으로 유명했던 원산元山 마르다 윌슨 여자신학교의 교수인 백남주 목사와 같이 '예수교회'라는 새 교단을 창설했던 것이다.

이호빈 목사는 1933년에 예수교회 중앙선도원 선도감宣道監이 되었고, 1947년에 서울연합교회를 설립하고 그 교회의 담임목사가 되었다. 1982년에는 강남 대학교회의 명예목사, 또 그 해에 예수교회 공의회 초대회장, 1986년에는 예수교회의 원로목사로 추대됐다.

여기서 말을 잠시 바꿔서 YMCA와의 관계를 말할 필요가 있다. 8·15해방이 된 그 해 12월에 이사장 윤치호 선생이 작고하자, 이사회는 긴급 이사회를 열고 양주삼梁柱三(1879-1950 납북) 목사를 이사장으로 추대했다. 양주삼 이사장은 거의 10년간이나 공백상태에 있었던 YMCA를 재건하기 위하여 공석인 총무직부터 선임해야만 했다. 그리하여 1947년 당시 미군정하의 민주의원으로 있던 변성옥邊成玉(1892-

1950) 목사를 후임 총무로 선임했던 것이다.

신임총무 변성옥 목사는 1946년에 이미 서울YMCA 종교부 간사로 있던 이호빈 목사와 종교부 위원장으로 있던 김우현 목사와 같이 Y 재건사업에 착수했다. 이 세 사람은 본래부터 뜻이 맞는 동지간이었기 때문에 손발이 잘 맞아서 더 열심히 일을 할 수 있었다.

그리하여 이호빈 목사는 종교교육 프로그램의 하나로서 성경연구반을 만들었다. 약 400명의 학생으로 시작한 성경연구반은 4년제 신학교(중앙신학교)로까지 발전되었다. 이에 대하여 당시 국제YMCA에서 파송되어 왔던 피치(G.A. Fitch) 박사는 "주·야간 교육프로그램을 통해 400명 학생들이 등록한 신학교가 4년제 신학교로 발전되었는데, 이는 내가 아는 한 세계 유일의 Y학교이다."라고 격찬한 바 있다. 또 다른 협동 총무 코스턴(W.P. Coston)은 이 학교를 도와주기 위해 국제협력기금 중의 일부를 유용했다는 오해를 받아 자리에서 밀려나기도 했다. 이호빈 목사는 김우현 목사를 중앙신학교의 초대 교장으로 추대했고, 그 뒤 이호빈 목사가 제2대·3대·교장·학장 등을 역임하면서 학교를 키워나갔다. 지금 이 대학은 강남대학교로 발전되었다.

한편 김우현 목사는 또 다른 공헌을 했다. 6·25동란 중에 납북된 양주삼 이사장의 뒤를 이어 이사장 대리가 된 김우현 목사는 피치 박사와 같이 국제YMCA와 UNKRA(United Nations Korean Reconstruction Agency, 유엔 한국 재건단, 1973년 해체)의 원조를 받아 경기도 다락원 캠프장을 사들였다. 또한 김우현 목사는 6·25 이후 조총련계의 공산분자들에 의해 점거당하고 있던 재일 한국YMCA를 살리기 위하여 1953년 일본으로 건너가서 총무가 되었다. 5년간이나 거기서 고생하면서 마침내 그 Y를 구해냈다. 그리고 아세아재단 등에서 막대한 원조금을 받아 10년간이나 수리를 못하고 방치되어 있던 재일 한국Y 건물을 수리하는 데 성공했다. 또한 1955년 파리에서 열린 YMCA세계연맹 창설 100주년대회에도 한국Y 대표들을 이끌고 참석했다.

끝으로 변성옥·김우현·이호빈 이 세 사람은 8·15이후 YMCA의 목사 3인방과 같은 인물이었다. 이들은 일정 때에는 YMCA와는 관계가 없던 인물들이다. 그런데 어떻게 하여 그들이 다 같이 Y운동에 투신할 수 있었던가? 어떻게 그것이 가능했던가? 이에 관하여 나는 이렇게 생각해 본다. 우선 변성옥 목사는 해방 후 미군정하의 민주의원 부회장까지 된 정치가로서 일정 때부터 종교개혁적인 사회개혁운동가였기 때문에 그것이 가능했을 것이다. 그리고 김우현 목사는 무교회주의적인 신앙가로서 3·1 문화상을 수상한 독립운동가였기에 그것이 가능했으며, 이호빈 목사는 초교파적인 목회자로서 학교와 교단 운영에 뛰어난 재능과 경륜의 소유자였기에 그것이 가능했던 것 아닌가 생각해본다.

2004년 5월 7일

6. 허정 선생과 이용설 박사

허정(1896-1988) 선생은 정치가, 아호는 우양友洋이고 이용설李容卨 박사(1895-1993)는 의사, 아호는 여천與天이다. 허정許政 선생은 부산 태생이고 이용설 박사는 평북 태생이다. 이 두 사람은 서로 모르는 사이였지만 YMCA에서 만나 다 같이 위대한 공헌을 했다. 그들은 자기의 시간과 능력과 권리를 아낌없이 제공하여 Y 역사상 위대한 자원지도자가 되었다. 나는 그들을 이용해 먹었던 전문지도자에 불과하다.

우양 선생은 고려대학교의 전신인 보성전문학교 법과를 졸업하고, 3·1운동에 가담했다가 중국으로 망명, 임시정부에 가담했다. 1920년 프랑스에 가서 재불 한인거류민회 회장, 미국에 가서는 한인학생회 회장, 22년에는 북미한인교민회 총단장, 23년에는 교포신문《삼일신보》사장이 되어 국민들에게 독립사상을 고취시켰다.

8·15해방 후 귀국해서는 한민당 총무, 1948년에는 부산 북구에서

출마하여 제헌 국회의원에 당선됐다. 그 뒤 이승만 정권하에서 교통부 장관·사회부 장관·국무총리·서울특별시장 등을 역임하면서 승승장구 정치계에서 이름을 떨쳤다. 1960년 외무부 장관으로 있을 때에 4·19가 터졌는데, 그 때 우양은 과도내각 수반, 즉 대통령 권한 대행직을 성공적으로 수행함으로써 국민의 찬사를 받았다. 또 그는 참변 위기에 처해 있던 이승만 대통령을 쥐도 새도 모르게 빼내어 하와이로 망명케 함으로써 온 국민을 안심시켰다.

한편 여천 이용설 박사는 평양 숭실중학교를 졸업, 상경하여 세브란스의전에 입학하여 1919년에 졸업했다. 졸업반 때에 3·1운동이 터졌는데, 그는 세브란스의전 학생 대표로 만세운동을 선두 지휘하다가 수색망이 좁혀지자 중국으로 망명했다. 북경에 있는 협화의원의 인턴, 레지던트를 거쳐 1922년에 귀국하여 세브란스병원 외과의사로 근무를 시작했다. 1926년에는 미국에 가서 의학박사 학위를 취득했고, 귀국하여 세브란스의전의 교수가 되었다.

8·15해방 후에는 새나라 건설에 일조한다는 애국 일념으로 미군정하의 보건후생부장(오늘의 보건복지부 장관)이 되었고, 1950년에는 인천 갑구에서 출마하여 민의원에 당선되었다.

이와 같이 그는 잠시 정계에 투신했으나 이를 다 청산하고 다시 의료사업에 복귀했다. 그는 1948년 세브란스 의대의 학장 취임을 시작으로 하여 1950년 6·25동란이 일어나자 세브란스병원을 제주도로 옮겨 피난민 치료에 헌신했으며, 부산 피난 때에도 그렇게 했다. 서울 환도

(왼쪽부터)
이용설李容卨(1895-1993)
허정許政(1896-1988)

후에는 세브란스 의과대학과 연희대학의 합동운동에 앞장서서 마침내 이 두 대학을 연세대학교로 발전시켰다.

이와 같이 이용설 박사는 학생시절에 도산 안창호 선생의 영향을 받은 탓으로, 잠시 정계에도 투신한 적이 있으나 그의 일생은 의사로 시작하여 의사로 마감되었다. 그는 외과의사로 유명했다. 그는 평생 수술을 5,000여 건이나 했다. 수술을 하도 잘 하니까 미국선교사들은 안식년으로 귀국했다가 병이 나면 한국에 다시 돌아와서 이용설 박사의 수술을 받곤 했다.

나는 여천 선생을 Y이사장으로 모신 경험이 있기 때문에 누구보다도 선생을 잘 아는 편이다. 선생은 그 아호 여천與天의 뜻과 같이 하느님 天과 더불어與 사는 사람이었다. 그는 평생 한 교회만을 섬겼다. 29세 때 남대문교회 장로가 되어 98세로 세상을 떠날 때까지 78년간 장로 또는 원로장로로서 교회를 섬겼다. 한때 남대문교회 한 장로의 여성 문제로 살인사건이 나고, 박태선의 신앙촌 문제로 교회가 수난을 겪고 있을 때, 이용설과 같은 장로가 있음으로 해서 남대문 교회의 평화와 화합과

안정이 유지될 수 있었다. 그는 겸허하고 온유하고 고지식하고 과장할 줄 모르는 지도자였다.

또한 선생은 위대한 스승인 동시에 위대한 제자라는 것을 나는 직접 보고 느꼈다. 고故 스코필드 박사는 세브란스의전 학생시절 그의 선생이었는데, 스코필드 박사가 입원가료 중에 있을 때 자주 문병을 왔었고, 나와 같이 임종을 지켜보았던 것이다. 그때 이미 70이 넘은 그가 마치 어린 자식이 부모의 임종을 지켜보듯 안타까워하는 것을 보면서 나는 놀라지 않을 수가 없었다. 저서로는 자서전 『나의 이력서』(한국일보사)를 남겼다.

한편 1958년 10월 25일, 중앙청 야외음악당 광장에서 Y회관 재건 모금 개시회가 열렸을 때의 일이다. 그때 꽤 많은 관중들이 모여들었다. 국군 해병대와 미8군 군악대도 참가했다. 그런데 갑자기 천둥번개와 함께 폭풍우가 쏟아져 내렸다. 그래서 관중들은 산산이 흩어졌고 군안대원들은 버스 안으로 피해 달아났다. 나는 땅에 떨어진 대형 태극기를 부둥켜안고 "오, 하느님…" 하며 엉엉 울었다. 그때 경부대(오늘의 청와대)에서 비서가 뛰어내려 오면서, "각하께서 내려오십니다." 하지 않는가! 나는 황급한 나머지 이리 뛰고 저리 뛰고 하면서 확성기로 관중을 불러들였다.

그런데 이상하게도 북악산과 경복궁 사이, 하늘에 구멍이 조금씩 뚫리면서 영기로운 칠색무지개가 나타나는 것이 아닌가! 빗줄기가 조금씩 약해지자, 허정 재건위원장은 개회를 선언했다. 이어 이승만 대통령께서 등단하여 "우리가 좋은 일을 하자는데 왜 자리가 이렇게 엉성합니까? … 나는 청년회 회관을 재건하는 일이라면 기꺼이 앞장을 서겠습니다." 이렇게 입을 열자 관중에서 우레와 같은 박수가 터져 나왔던 것이다. 식이 끝난 뒤 허정 위원장은 군악대를 앞뒤에 세우고 선두에 서서 종로 Y까지 시가행진을 했다. 이것은 실로 역사적인 순간이었다.

그가 과도정부 수반으로 있을 때의 일이다. 나는 그에게 일정 때의 일본인Y 재산을 찾는 데 도와줄 것을 간청했다. 그래서 나는 그의 도움으로 당시 정부가 중앙 공보관으로 사용하고 있던 구 일본인Y 회관 5층에 입주할 수가 있었다. 또 그 소공동 회관과 민간인에게 불하했던 북창동 소재 재산까지 다 찾아낼 수 있었다. 대법원 판결을 거쳐서!

또 그는 대통령 대행직을 완수한 뒤 윤영선尹永善 총무 후임으로 총무가 되었다. 거물 총무가 아니면 Y회관을 재건할 수 없다는 판단 아래 이사회는 그를 억지로 총무로 삼았던 것이다. 그는 총무가 되자 나를 부총무로 임명하고 한 주에 한 번씩 나오면서, 나에게 모든 일을 맡겼던 것이다. 그래서 나는 더 열심히 소신껏 소임을 다할 수 있었다. 아마 동서고금을 막론하고 대통령대행이 되었던 사람이 일개 Y의 총무가 된 것은 허정 총무 밖에 없을 것이다. 나는 이러한 큰 지도자를 모시고 Y 재건사업에 종사했던 것을 최대의 영광으로 생각한다. 그는 회고록으로서 『내일을 위한 증언』(샘터사)을 남겼다. 그는 1988년 9월 18일 타계했다.

2004년 5월 15일

7. 이대위 선생과 최승만 선생

이대위(1895-1982) 선생은 사회운동가, 아호는 백우白友이고, 최승만崔承萬 선생(1897-1984)은 교육가, 아호는 극웅極熊, 즉 북극곰이다. 백우 선생은 평북 태생이고, 극웅 선생은 경기도 태생이다. 백우 선생은 방랑자형 지도자이고, 극웅 선생은 선비형 지도자이다. 그러나 이 두 분은 YMCA 학생운동 지도자인 면에 있어서는 맥을 같이 한다.

이대위李大偉 선생은 1910년 선천 신흥학교에 입학했으나 2학년 때 '105인 사건' 당시 만주로 탈출했다. 1914년에 다시 중국으로 가서 북경대학 학생이었을 때 국내에서 3·1운동이 일어남과 동시에 중국에 망명 와 있던 이용설, 문승찬, 신채호 등과 만나 재북경 한국인 YMCA, 고려YMCA를 창설하고 그 회장이 되었다. 고려Y는 1905년에 창설된 재일본Y와 마찬가지로 한국 유학생들을 위한 YMCA였다.

백우는 1921년에 북경대학을 졸업하고 미국 예일대학교 사회학과

최승만崔承萬(1897-1984)

에 다닐 때 안창호 선생을 만나 민족운동에 투신하기 시작했다. 그 뒤 흥사단 이사장이 되기도 했으며, 1927년 콜롬비아대학을 졸업한 뒤 귀국해서는 한국Y연합회 학생부 간사로 채용되어 기독교동우회를 조직했다.

그가 중국 북경에 있던 1922년, 북경에서 제1차 WSCF(세계기독학생회총연맹)세계대회가 열렸는데, 백우는 한국Y의 이상재 회장이 신흥우, 김활란 등 한국 대표들을 이끌고 왔을 때 그 대표단의 일원이 되기도 했다.

또 위 기독동우회는 경성제국대학, 경성의전, 세브란스의전, 연희전문학교, 보성전문학교 학생 등 30여 명의 우수한 학생들로 구성된 학생단체였는데, (1)올바른 역사관을 갖자, (2)올바른 신앙관을 갖자, (3)일보 전진하자를 3대 정신으로 가지고 태어난 Y 학생단체였다. 회원은 원홍균, 이종규, 이환신, 원용덕, 그리고 건국대학의 창설자 유석창(경성의대 학생) 등이었는데, 그때 유석창은 Y가 전개하는 농촌운동에 관심을 가지고 농민들의 무료치료에 헌신했다. 지금의 민중병원(건국대학병원)이 그때 세워진 병원이다.

　　백우가 말년에 건국대학 교수, 부총장 등을 역임한 것도 이런 인연 때문이었다. 그리고 백우는 8·15해방 후 과도정부의 노동부장, 1947년에는 삼척탄광 이사장, 1962년에는 건국대학에서 명예법학박사 학위 취득, 건국공로로 대통령 표창을 받기도 했다. 1952년과 1953년에 재일교포부 노동관으로 갔을 때에는 재일교포들을 위해, 특히 재일본 한국 YMCA이사장이 되어 조총련계 공산분자들에 의해 점거된 Y를 구출하는 데도 큰 공을 세웠다. 저서로는 『조선 청년의 나아갈 길』, 『재일교포의 실태와 그 대책』 등이 있다.

　　한편 극웅 최승만 선생은 1916년 중앙 YMCA 학관 영어과를 졸업하고 1917년 일본 관립 외국어학교 노어과에 재학 중 최팔용, 김도연, 백관수 등과 같이 학우회에 가담했다. 또 1918년에 학우회의 기관지인 《학지광學之光》의 편집위원, 또 다른 유학생 문예지인 《창조創造》의 동인同人이 되었다. 1919년 1월 학교를 중퇴하고, 2·8독립선언에 적극 가담해 제2차운동의 책임을 맡게 된 그는 YMCA 2층 자신의 숙소에서, 히비야日比谷 공원에서 전 유학생대회 개최를 결의하였다가 잡혀가서 옥고를 치렀다.

　　1922년에는 재일 한국YMCA의 기관지인 《현대現代》의 편집장으로, 1923년 동양東洋대학 인도철학과를 졸업하면서부터 1934년까지는 11년간 재일한국 YMCA 총무로 있었다. 1930년에 미국 스프링필드대학을 졸업한 그는 그해 중앙Y의 기관지 《청년靑年》의 편집주간, 귀국하여 1934년에는 《동아일보》 잡지부장, 《신동아新東亞》의 편집주간, 1948년에는 이화여자대학의 교수, 6·25 이후 제주도 도지사, 제주 YMCA를 창설하고 이사장이 되었다. 또한 1952년 제주대학 초대 학장, 1954년에는 이화여대 이사장, 1956년에는 인하 공과대학 교수 겸 총장이 되었다.

이와 같이 그는 평생 독립운동가, 문필가, 교수, 대학총장, YMCA 총무 등을 역임했다. 그의 저서 『극웅필경』은 각 신문, 잡지 등에 썼던 글로 채워져 있다. 그의 책 첫머리에는 춘원 이광수의 장편의 서사시 「극웅행極熊行」이 실려 있다. 그의 아호 극웅極熊 즉 북극곰을 노래한 서사시이다. 그 서사시의 맨 마지막 대목은 이렇게 되어 있다.

    털에 묻은 얼음조각 투두럭 떨어서
    차디찬 그 형해形骸에 다시 들어백이니
    아까와 다름없는 氷世界의 북극곰
    仙女도 간 곳 없고 極光도 스러지고
    뽀-얀 눈보라 쩡쩡하는 얼음소리
    차디찬 북극밤은 영원히 간듯한데
    큰 눈은 뒤룩뒤룩 쪼그리고 앉았는
    극웅極熊의 심장만 똑...딱...똑...딱...
    따뜻한 피 한줄기 돌...돌, 졸...졸

차디찬 북극의 하늘과 같은 일제하 핍박 속에서도 극웅 선생의 심장은 쉬지 않고 뛰었고, 그 피는 뜨거웠던 것이다. 이 시는 춘원이 1917

년에 쓴 작품이다.

『극웅필경』은 극웅의 문집이다. 《학지광學之光》, 《신동아新東亞》, 《창조創造》 등 일반잡지와 《동아일보》, 《조선일보》 등 일간신문에 기고했던 131편의 글이다.

700여 쪽이나 되는 대작이며, 그중에는 "일본 관동 대지진 때의 우리 동포의 수난" 등을 비롯하여, 시론, 논편, 인생관, 시국관, 수상, 훈사 등 다종다양의 글들이 수록되어 있다.

모두 다 그의 정확하고, 냉철하고, 구구절절 진실을 선포하는 매서운 글들이다. 그의 책 하나만으로도 당시 민족의 수난사와 민족의 염원이 무엇이었는지를 알 수 있으리만큼 귀중한 글들로 가득 채워져 있다.

극웅 선생은 재일본 한국YMCA 총무직에서 떠난 지 32년만인 1967년에 다시 그 YMCA 총무직을 맡아 일본으로 갔다. 무엇보다 먼저 그는 기관지로서 《새사람》을 발간하면서 직접 그 잡지의 편집장이 되었다. 의로운 사람은 오직 신앙에서만 이루어진다는 확신 아래 요한복음 3장 3절의 말씀 "사람이 거듭나지 아니하면 하나님의 나라를 볼 수 없느니라"를 《새사람》의 정신으로 하여 동포들에게 애국심을 호소했다.

당시 한국YMCA연맹 이사장이던 홍현설 박사는 《새사람》 창간 축사에서 "재일본 한국YMCA가 오랫동안 침체상태에 있다가 새 총무님을 맞이해서…"로 시작하여, "《새사람》이 새시대 새인간의 이미지를 제시해 주는 길잡이가 되어주길 바란다."며 환영했던 것이다. 극웅은 2년간 총무직을 맡으면서 공산분자들 손에 잡혀 있던 Y를 구해내는 데 온갖 정성을 다했다.

    끝으로 그의 부인 배학복(1914년생)여사는 아직도 살아계신다. 원산 마르다윌슨여자신학교 출신으로서 그 학교의 교수였던 김마리아(1891-1944)선생의 양딸이다. 배 여사는 모교인 그 학교와 모친 김마리아선생을 기리는 의미에서 몇 해 전 1억 원을 그 동창회에 기부했다. 그리고 한 달에 두 번씩 동창회를 주관하면서 중국 선교사업에 도움을 주고 있다.

2004년 5월 30일

8. 피치 박사와 이환신 총무

피치(George A. Fitch, 1883-?) 박사는 중국에 파송되었던 미국인 장로교 선교사의 아들이다. 1883년 1월 23일생인 피치 박사는 콜럼비아대학과 유니온신학대학을 졸업하고 1914년 YMCA 국제위원회의 파송으로 중국 상하이 YMCA 협동총무가 되었다. 이후 일생 동안 중국과 대만, 그리고 동남아 각국과 한국 YMCA 재건 사업에 헌신했던 세계적으로 이름난 Y맨이다.

특히 그는 전쟁으로 인한 피난민 구호 및 재건사업에 헌신했다. 피난민 수용소처럼 되어버렸던 상하이 YMCA의 협동총무로서, 또한 UNKRA의 피난민 담당관으로서, YMCA와 UNKRA가 제공하는 막대한 기금을 쏟아 부으면서 동분서주 피난민 구호에 나섰다.

그는 대한민국 상해 임시정부 요인들의 피신처 구실도 했다. 1932년 윤봉길尹奉吉 의사가 홍구공원 폭탄투척사건으로 시라가와 사령관 등 일본군 수뇌들에게 중상을 입혔을 때의 일이다. 피치 박사는 피해 다

피치(George A. Fitch, 1883-?)박사 부부

니는 임시정부 주석 김구金九 등 4명을 자기 집에 숨겨 주었다. 그때 피치 박사의 집은 프랑스 조계지 안에 있었는데, 31일간이나 그들을 자기 집 2층 방에 숨겨 두었다가, 자기 차에 태워 가지고 안전지역인 중국인 거주 지역에 피신시켰던 것이다.

그는 또한 이승만 임시정부 대통령이 1921년 임시정부의 내분으로 중국에서 미국으로 갈 때 여비와 여권 등 필요한 수속을 마련해 주기도 했다. 피치 박사는 중국에 망명 갔던 한국 애국지사들에게는 정신적으로나 경제적으로 잊을 수 없는 은인이었다. 그는 또한 한국의 역사와 문화도 잘 알고 있었다. 그는 자서전『나의 중국생활 80년』에서 "400년 전에 창제된 한국문자 한글은 세계에서 가장 과학적이고 익히기 쉬운 글자이며, 한국인은 일본인보다 훨씬 우수한 문화민족이다."라고 격찬을 하기도 했다.

1947년 그가 64세 때, 일선에서 물러나 있었을 적의 일이다. 그는 국제Y 위원회의 요청을 받아들여 한국에 오게 되었다. 그는 1947년 7월 한국에 도착했다. 그의 주 임무는 한국Y의 재건사업이었다. 당시 남한에는 일정 때부터 있었던 서울Y 등 4개 Y와 8·15해방 후 새로 태어난 15개 Y를 합하여 모두 19개 YMCA가 있었는데, 이들 YMCA의 이사 243명의 10분의 9가 무경험 지도자들이었고, 각 부 위원들의 10분의 9도 무경험자들이었다. 이에 피치 박사는 이들 지도자들의 훈련사업을 먼저 시작했다.

1948년에는 세계적인 Y지도자 에디(S. Eddy) 박사를, 1949년에는 세계Y연맹 총무 스트롱(T. S. Strong) 박사와 청년부 간사 리(C. W. Lee) 씨를 초청하여 강연회를 열었다, 또한 세계적인 신학자이며, 세계Y 고문인 에밀 브룬너(E. Brunner) 박사를 초청하여 1주일간 공개강좌를 열었다. 피치 박사는 1949년 한국을 떠났다가 6·25동란 후 다시 한국에 파송되었는데, 그는 국제Y의 청소년 기금과 UNKRA의 피난민 구호 기금으로 난지도 100만 평의 토지와 다락원 캠프장 구입에도 큰 공헌을 했다.

한편 이환신李桓信 목사(1902-1984)는 평남 태생으로 감리교 목사였다. 청소년 시절에 만주에 가서 방랑생활을 하다가 귀국하여 1927년 감리교 협성신학교를 졸업했고, 1931년에는 연희전문학교 문과를, 1933년에는 미국 밴더필트대학 신학부를 졸업했다. 1935년에는 감리교 총리원 청년부장에 취임했으며, 1937년에 목사안수를 받고, 8·15해방 후에는 연희전문학교 신학부 교수가 되었다.

이환신 목사는 1951년 한국Y연맹 양성부 간사가 되었다. 그는 Y

의 실무 경험은 없었다. 그러나 그는 연희전문학교 재학 시절, YMCA 학생부 간사 이대위李大偉 씨의 지도하에 조직된 기독동우회의 회원이었다. 30여 명으로 구성된 회원 중에는 유석창(경성의학전문학교, 건국대학 창설자)을 비롯하여 원홍균(경성제국대학), 이상문(연희전문학교, 원산 YMCA 총무), 신동욱(연희전문학교·연세대학교 교수), 김정실(보성전문학교·고려대학교 교수), 원용덕(세브란스의전, 육군대장) 등 국내 최고의 전문대 학생으로 구성되어 있었다. 이 기독동우회는 YMCA 농촌사업과 농민의료사업을 적극 지원하는 단체였다. 또한 그는 1947년 YMCA 대표로 선정되어, 엄요섭(장로교), 오창희(감리교), 남병헌(연희대학교), 강서라(이화여자대학교) 등 청년들과 같이 노르웨이 오슬로에서 열린 제2차 세계청년대회에 참석하기도 했다.

이와 같이 그는 비록 Y의 실무경험은 없었으나, YMCA 학생운동에 적극 가담했으며, 세계 기독교청년대회에도 참석했으므로 실질적인 Y운동가라 할 수 있다. 그리하여 그는 1951년에 한국Y연맹 양성부 간사로 발탁되었던 것이다.

그의 우선적인 관심사는 지도자 양성이었다. 그는 1952년 총무로 승진되면서 실무자 양성을 위하여 '제1회 YMCA 전문학원'을 개설했다. 6·25 이후 다시 파송되어 온 피치(Fitch) 박사와 새로 파송된 코스턴(W. P. Coston) 협동총무 등의 적극적인 지원하에 부산 초량에 있는 적산가옥에서 6개월간의 강의과정을 마치고, 1952년 6월 27일 역사적인 졸업식을 거행했는데, 5인의 Y 총무(인천Y의 이재덕, 진주Y의 최정기,

군산Y의 서학규, 해남Y의 김상덕, 완주Y의 황종우)와 6명의 간사 등 11명의 졸업생을 냈다. 이것이 한국 역사상 최초의 YMCA 간사양성학교이다.

제2회 전문학원은 아미동에다 새로 건물三南寮을 구입하여 1952년 9월 개강, 1953년 6월 졸업식을 가졌다. 졸업생은 강환국(동래농촌Y 간사), 김세웅(대전Y 간사), 남영호(대전Y 총무), 이수민(거제Y 간사), 이창식(서울Y 간사) 등 10명이었다. 그때 강사진은 협동총무 코스턴(W. P. Coston) 씨 부부(그룹조직과 Y 관리법), 이환신 총무(사회학) 등 기타 저명인사들이 동원되었다.

이환신 총무는 홍보사업에도 획기적인 공헌을 했다. 그는 자기의 후배인 김동길金東吉을 출판부 간사로 채용하여, 1952년 10월부터 월간 기관지 《청년青年》을 발간하기 시작했다. 주간은 유영희(서울Y 간사)였다. 이때 Y실무진은 이환신(총무), 코스턴(협동총무), 김치묵(간사), 김천배(간사), 손성찬(간사) 등이었으며, 기관지 《청년》은 발행인 이환신, 주간은 김동길 체제로 나왔다. 여기에는 세계Y운동과 한국Y운동에 관한 것뿐 아니라 사설, 논설, 설교, 수필, 동시, 기행문까지 게재되었다. 이에 대하여 1954년 피선된 백낙준 회장은 "우리 청년회의 진로"라는 글에서 "김동길 주간의 YMCA 《청년》은 새로운 이념을 원한다."라는 글을 싣기도 했다. 또 하나의 큰일은 부산 피난지에서 한국Y 창설 50주년 행사를 성공적으로 치루었다는 사실이다.

기념행사는 1953년 4월 15-16 양일간에 열렸다. 이것은 한국Y 전국 연합회 창설 39주년 기념행사를 겸한 것이었다. 부산 시내 중앙예배당에서 내외귀빈 800여 명이 모인 가운데 회장 이용설 박사의 사회로 개회, 부산Y 부회장 노진영 목사의 기도, 이환신 총무의 약사 보고, 세계Y연맹의 림버트(P. Limbert) 박사의 기념강연, 대통령 이승만 박사의 축사, 대한감리회 류형기 박사의 축도로 기념식을 마치고, 이튿날에는 일생동안 Y운동에 헌신한 모트(J. R. Mott) 박사의 영화가 상영되었다. 이 기념행사는 서울환도 이전 피난지 부산에서 열렸다는 점에서 또한 의의가 있었다.

2004년 5월

9. 홍현설 박사와 최태섭 장로

홍현설(1911-1990) 박사는 1911년 9월 21일 평양 태생이다. 아호는 청암靑巖, 1929년 광성고보를 졸업하고 1933년 감리교신학교를 졸업했다. 이어 1935년 일본 관서대학 신학부를 졸업한 뒤, 1939년 목사 안수를 받았다.

홍현설洪顯卨은 1950년 미국 드루대학 신학부를, 1951년 유니온 신학교를 졸업한 뒤, 귀국하여 1953년 감리교신학교의 교장, 1959년 감리교신학대학의 초대 학장이 되었다. 그는 23년간 교장 또는 학장으로서 1,200명의 졸업생을 냈다.

그는 각종 국제대회의 한국대표가 되기도 했다. 1960년에 세계 YMCA대회에 참석했으며, 1967년부터 1970년까지 한국YMCA 전국연맹의 이사장이 됐다. 그는 1990년 11월 4일 노환으로 작고했다.

당시 한국에는 4대 신학자가 있었다. 예수교장로회의 신학대학장 박형룡 박사, 기독교장로회의 신학대학장 김재준 박사, 연세대학 신학

홍현설洪顯卨(1911-1990)   최태섭崔泰涉(1910-1998)

대학장 지동식 박사, 감리교신학대학장 홍현설 박사, 그 중 홍현설 박사는 기독교 윤리학 박사였으며, 누구보다도 YMCA를 잘 아는 신학자였다. 그는 가끔 말하기를 "YMCA는 '기독청년회'라고 해야지, '교'를 붙여서 '기독교청년회'라 하면 잘못"이라고 말했다. 다시 말해서 그저 그리스도인 청년회 또는 크리스천 청년회라고 해야 옳다는 것이었다. 일리가 있는 말이다. 왜냐하면 YMCA는 예나 지금이나 어느 교회에 속하거나 무슨 교리를 신봉하는 단체는 아니기 때문이다. '파리기준'에서와 같이 Y는 그저 "예수 그리스도의 신앙과 생활에서 그의 제자가 되고자 하는 청년들"의 운동체이기 때문이다.

사실 그렇다. Y는 교파를 초월한 별개의 운동체이다. 굳이 이름 하나를 붙인다면 Y는 교회와 사회 사이의 다리다. 또한 Y는 출발점에서 목적지까지의 중간지대이다. 처음과 마지막, 알파와 오메가 사이의 과정이다. Y는 가도 가도 끝이 없는 고난의 길이다. 이 과정과 고난의 철학을 모르는 사람은 진정한 Y맨이라 할 수 없다. 또한 Y는 "내가 이미 얻었다 함도 아니요 온전히 이루었다 함도 아니라 오직 내가 그리스도

예수께 잡힌 바 된 그것을 잡으려고"(빌 3:12) 달려가는 순례자이다.

홍현설 박사도 자신을 구도자이며 순례자라고 고백했다. 그는 어느 지점에 이르러서 안주하는 신학자는 아니었다. 그는 끊임없이 배우고 끊임없이 탐구하는 구도자임을 고백했다. 이 고백에 따라 그의 제자인 유동식 교수는 홍 박사의 신학사상을 논함에 있어, 저서 『한국 신학의 광맥』에서 「순례자의 길」이라는 제목의 논문을 쓰기도 했다.

이와 같이 홍 박사는 Y를 잘 아는 신학자였다. 그러므로 홍 박사의 이사장 취임연도인 1970년대부터 학생Y운동, 평신도 운동, 에큐메니칼 운동 등이 부쩍 일어나기 시작했다. 이것은 Y의 고유정신의 갱생을 의미하는 것이었다.

최태섭崔泰涉 장로(1910-1998)는 1910년 8월 26일 평북 정주 생으로 아호는 청삼晴森, 기독교 장로회의 장로이다. 그는 1929년부터 정주 오산학교를 몇 년 다녔을 뿐, 학력이랄 것이 별로 없다. 하지만 그는 25세 때 홀홀단신 빈손으로 만주 봉천에 가서 사업을 일으켰다. 동화 공창·삼홍실업이란 회사를 설립하고 돈을 많이 벌었다. 그러나 1945년 일본의 패망으로 팔로군이 밀어닥치는 바람에 그 많은 돈을 다 빼앗기고 또 다시 빈손으로 귀국할 수밖에 없었다. 귀국하여 다시 그는 삼홍실업의 사장, 충남 제사 사장을 하다가 1957년에 이르러 한국유리공업회사를 창업했다. 그럼으로써 그는 한국 유리공업의 원조가 됐다.

최태섭 장로는 한국경제의 발전에도 크게 공헌했다. 서울상공회의소 부회장, 한·중 경제협의회 회장 등 수많은 경제단체의 회장을 역임했다. 그리고 크리스천아카데미 재단 이사장, 한국기독실업인회 회장, 안중근 의사 기념사업회 이사장, 고당 기념사업회 이사장, 한국국제기아대책기구 이사장, CCF 이사장 등 크고 작은 공익기관의 장으로서 헌신했다. 또한 그는 국민훈장 모란장, 제1회 유일한 상 등 수많은 공로상을 받기도 했다.

그러면서 그는 교회와 나라를 위해 돈을 많이 썼다. 크리스천아카데미를 지을 때 8,500평의 임야와 대지를 기부한 사람도 그였고, 수도교회를 세운 사람도 그였고, 문성유치원을 세운 사람도 그였다.

YMCA를 위하는 돈과 관계된 일은 그가 도맡아 했다. 모금위원장, 재정위원장, 그리고 서울Y회관 재건 때에는 거액을 기부했다. 그는 평생 교회와 나라를 위해 돈을 벌면서 살다가 교회와 나라를 위해 돈을 쓰면서 목숨을 다했다.

8·15해방 전 만주 봉천에서 사업을 할 때의 일이다. 일본이 패망하자 팔로군이 밀어닥쳤고, 악질 자본가로 몰린 최태섭 사장은 인민재판에 넘겨져 군중 앞에 서게 되었다. 이때 군중 속에서 고함소리가 터져 나왔다. "최 사장은 그런 사람이 아니오. 최 사장은 노동자들의 친구요."라는 고함소리가 터져 나왔다. 그래서 최 사장은 죽음을 면했다.

끝으로 나는 한국YMCA를 위해 한마디 진언을 한다. Y의 기본정신에 관한 말이다. Y의 기본정신은 두 가지로 구분된다. 하나는 평신도

정신이고, 또 하나는 에큐메니칼 정신이다. 이 두 가지 정신이 Y의 공통된 기본정신이다. 국가의 초월성(inter-national), 교파의 초월성(inter-denominational), 신조의 초월성(inter-confessional), 종교의 초월성(inter-faith), 연령의 초월성(inter-age), 남녀의 초월성(inter-sex) 등 여섯 가지 초월성이다.

그런데 서울Y는 아직도 남녀의 초월성이 무시된 채로 남아있다. 여성회원들이 있기는 하지만 선거권과 피선거권이 없는 회원들이다. 또한 타종교 회원들은 거의 없다. 신조의 초월성 즉, 가톨릭 회원들은 그리 많지 않다.

그중에도 가장 심각한 문제는 교파의 초월성이다. 교파의 초월성은 8·15해방 직후부터 무너지기 시작했다. 그때부터 감리교의 양주삼 목사가 한국Y연맹의 이사장과 서울Y의 총무를 겸임했다. 이러한 현상은 한국Y 역사상 처음 있는 일이다. 이것은 평신도운동으로서의 Y운동의 후퇴를 의미하는 것이었다. 그리고 또다시 종로의 명물로 떠오른 서울Y의 새 회관의 개관과 더불어 제18대 이사장이 된 감리교의 박대선 목사 때부터 지금의 제25대 이사장 박우승 장로까지 무려 40여 년간 김남준 장로 한 사람을 제외하고는 대부분 감리교의 목사 아니면 장로들이 이사장 자리를 독차지했다.

더욱이 제24대 이사장 표용은 목사는 15년 동안 집권하면서, 서울Y뿐만 아니라 CBS 등 다른 기독교기관에까지 영향력을 발휘하였다. 그들은 감리교의 계파별로 본다면 박대선 목사 한 사람을 제외하고는 모두가 호헌파 사람들이다.

　이런 상황이 낳은 피해자 중의 한사람이 최태섭 장로였다. 최 장로는 교회와 Y에 끼친 바 공헌도로 보나, 사회의 인지도로 보나, 연령으로 보나 의례 이사장이 되었어야 할 인물이었다. 그럼에도 불구하고 그는 끝내 어른 대접을 받지 못했다. 잠시 부사장이 되었으나, 그게 도리어 그에겐 불명예였다. 그는 끝내 이사장이 되지 못한 채, 30여 년간의 Y 봉사생활을 끝냈다. 그러나 그는 일언반구 불평이나 분노의 기색 없이 담담하게 Y를 떠났던 것이다. 그는 1998년 5월 31일 작고했다. 저서로서는 자서전 『사랑에 빚진 자』가 있다.

　끝으로 나는 이런 생각을 해본다. 한국 Y가 "가이사의 것은 가이사에게, 하나님의 것은 하나님께 바치"기를 바란다. 어른의 것은 어른에게 돌리고, 내 것은 내가 차지하여 키워나가야 할 것이다. "아버지께서 내 안에, 내가 아버지 안에 있는 것 같이 저희도 다 하나가 되어 우리 안에 있게 하소서"(요 17:21)라는 Y의 표어에 따라, "마음을 다하고 목숨을 다하고 뜻을 다하는"(마 22:37) Y가 되어야 할 것이다.

2004년 3월 31일

10. 탁사 최병헌 목사

최병헌(1858-1927) 목사는 1959년 1월 16일 충남 제천의 몰락한 양반 가문에서 태어났다. 아호는 탁사濁斯, 집안이 너무 가난하여 서당에도 제대로 다니지 못했다. 그러나 타고난 재질과 탐구욕으로 소위 동냥공부를 해서 20여 세 때부터 유학자란 소리를 듣게 되었다.

최병헌崔炳憲 목사가 기독교를 알게 된 것은 1880년 그의 나이 23세 때, 감리교 선교사 존스(G. H. Jones) 목사와 아펜젤러(H. G. Appenzeller) 목사를 만나서부터였다. 그리고 예수를 믿기로 결심한 것은 1893년 그의 나이 35세 때부터였다.

이때부터 탁사, 존스, 아펜젤러 세 사람은 배재학당을 중심으로 자주 만나면서 친구가 되었다. 탁사가 처음 상경해서는 과거에 응시하기도 했다. 그러나 과거의 급락給落 여부는 실력으로 되는 것이 아니라 권력과 배경으로 된다는 것을 알고, 예수를 믿게 되었던 것이다. 그는 우

최병헌催炳憲(1858-1927)

선 아펜젤러 목사의 요구에 따라 배재학당의 한문 선생을 하면서, 오랜 동안의 연구와 준비 끝에 세례를 받게 되었다. 동시에 그는 아펜젤러 목사가 시무하는 정동감리교회의 전도사가 되었다.

그는 1895년 아펜젤러 목사와 함께 주간지 《조선회보朝鮮會報》를 간행했고, 1898년부터는 선교사들이 주관하는 한국 성서번역위원회 위원에 위촉되어, 1900년에는 순 한글로 된 최초의 신약성서가 나오게 되었다.

목사 안수는 1902년에 받았다. 이보다 1년 전에 김창식, 김기범 등이 목사 안수를 받았지만 교회의 담임목사가 되기는 탁사가 먼저였다. 정동감리교회의 담임목사인 아펜젤러 목사가 1902년 성서번역위원회에 참석차 목포로 가다가 풍랑을 만나 순사하여, 전도사로 있던 탁사가 그 뒤를 이어서 담임목사가 되었던 것이다.

탁사는 1914년에 감리사監理師가 되고, 1922년 65세 때 은퇴했다. 당시 감리교회가 배출한 인물 중에는 큰 인물들이 많았다. 이른바 3만 3헌이 유명했다. 3만은 이승만, 박용만(독립운동가), 정순만(독립운동가)

이고, 3헌은 최병헌(정동교회 목사), 여병헌(YMCA 창설 이사), 황현(시인, 『매천야록』의 저자) 등이다. 그중 정순만을 제외하고는 모두 탁사가 목회하던 정동교회의 교인들이다.

탁사는 한국 역사상 최초의 종교 신학자이다. 전 감리교 신학대학장 송길섭 교수는 그의 저서 『일제하의 감리교 삼대 성좌星座』에서 탁사를 "한국 신학형성의 선구자"라 했으며, 전 연세대학 교수 유동식 박사는 그의 저서 『한국 신학의 광맥』에서 탁사를 이능화와 함께 "한국 종교사학의 비조"라고 했다.

탁사는 1900년 존스(G. H. Jones) 목사와 같이 《신학월보》를 발행하기 시작했다. 이것이 한국역사상 "신학"이란 말이 처음으로 나온 사례이다. 탁사는 수많은 신학 논문을 발표했다. 그중에도 1916-1920년 사이에 《신학월보》에 연재한 「만종일련」이란 논문이 대표적이다. 이것은 '만 가지 종교 일람'이라 할까, '세계종교 개요'라 할까, 세계 모든 종교의 비교연구 논문이다. 여기서는 한국의 고유종교인 대종교, 태극교, 천도교, 선교 등만이 아니라 유교, 불교를 집중적으로 다루고 있다. 그의 신학적 입장은 종교변증론에 있었다.

탁사는 사회문제에도 관심이 많았다. 19세기 말 부패한 지도층에 실망한 나머지 일반 민중에게 기대를 걸었다. 그래서 그는 과거에 응시하지 않았으며, 스스로 양반의 탈을 벗어버리고 거리에 나섰던 것이다. 그는 우선 순 한글신문인 《제국신문》을 창간하고 그 주필이 되었다. 또한 그는 이상재, 윤치호, 박승봉, 유성준 등 개화파 지도자들과 함께 '한국기독창문사'를 창설하고 한글도서 출판에 주력했다. 그 출판사의 기관지인 《신생명新生命》에다 그는 기독교 사상과 한국문화에 관한 논문을 많이 발표했다.

끝으로 최병헌 목사는 YMCA 운동의 선구자이기도 하다. 그는 언제나 학생Y 하령회의 주임강사였다. 그리고 학생 YMCA가 중심이 되어 1914년 YMCA 전국연합회(오늘의 한국 YMCA 전국연맹)가 조직될 때에는 제1인자 구실을 했다. 그는 한일합방으로 울음바다가 되었던 1910년, 애국심으로 불덩어리처럼 타오른 학생Y 회원들의 열광적인 지지로 YMCA연합회 조직대회의 대회장으로 선출되었던 것이다. 드디어 그는 1914년 4월 2일부터 5일까지 개성에서 열렸던 학생Y 하령회 마지막 날에 54명의 학생들과 국내, 국외의 지도자 다수가 모인 가운데, Y전국연합회의 창설대회 의장으로서 사회를 보게 되었던 것이다. 이로써 그는 한국Y 역사상 가장 빛나는 자원지도자가 되었다.

뿐만 아니라 그의 장남 최재학催在鶴은 한국Y 역사상 최초의 전문지도자, 즉 간사가 되었다. 그는 배재학당의 초대 졸업생이다. 그는 1903년 서울YMCA가 창설되고 실무진을 짤 때, 미국유학을 마치고 갓 돌아온 김규식金奎植과 같이 초대 간사로 발탁되었다. 그는 서무부 간사 겸 초대 총무 질레트(P. L. Gillet)의 통역관이 됐다. 그는 미국유학은 하지 못했으나, 영어에 능통했기 때문이다.

이와 같이 탁사 최병헌 목사는 부자간이 다 같이 한국Y 창설의 일등공신이 되었다. 그는 한국 최초의 목사로서, 또한 한국 최초의 종교

신학자로서, 한국 최초의 YMCA 자원 지도자로서의 소임을 다했다. 그는 1929년 5월 3일 타계했다.

끝으로 또 한 가지 말을 남기고 싶다. 탁사는 남달리 순 선비형 목사였다. 그는 설교를 할 때에는 반드시 가운 대신 도포를 입었다. 요즘 목사들처럼 휘황찬란한 이색적인 가운을 입고하지 않았다. 그는 설교나 집례를 아무렇게나 입고, 또 아무렇게나 하지 않았다. 반드시 선비들의 예복인 도포를 입고 성스럽게 했다.

그는 누구보다도 서양문화를 잘 아는 목사였다. 그는 또한 존스 목사와 아펜젤러 목사의 지도로 신자가 된 사람이다. 그러나 그는 무턱대고 그들의 말만을 따르고 흉내를 내는 그런 줏대 없는 목사는 아니었다. 때문에 그는 선교사들에게서도 존경을 받았다.

아, 나는 그의 이런 모습을 전해 듣기만 하고 직접 보지 못한 것이 못내 아쉽다.

2004년 4월 30일

11. 오윤태 목사와 유억둔 장로

어떤 나라에서든지 교회가 먼저 서고 그 교회가 YMCA를 세우는 것이 상례이다. 그런데 서울YMCA는 일본에다 YMCA를 먼저 세우고 그 다음에 교회를 세웠다.

필자가 오윤태吳允台(1908-1988) 목사를 만난 것은 1929년 11월 3일 광주학생사건 때의 일이다. 함흥 영생고교 1학년 때, 강당에서 아침 조회가 끝나자 어떤 나이 많은 상급생이 단 위에 뛰어 오르더니 열변을 토했다.

"광주에서 일본인 학생이 조선인 여학생을 희롱했으니 우리도 싸워야 한다."는 것이었다. 이 말을 듣자 학생들은 흥분하여 거리에 뛰어 나갔다. 필자는 그 시위대 선두에 서서 함흥 번화가를 누볐다. 지금도 그때의 일이 생생하게 기억난다. 그런데 열변을 토했던 그 4학년 상급생은 다름 아닌 오윤태 목사였다.

오윤태 목사는 1908년 함경남도 단천 생이며, 어릴 때 향리에서 한

문공부를 하느라고 늦게서야 신교육을 받았다. 광주학생사건 때 필자는 15세, 그는 22세였다. 그때 그는 영생고 학생YMCA 회장이었다.

그 뒤 그는 일본에 가서 일치신학교一致神學校를 졸업(1941년)하고, 1942년에 조선 예수교장로회 목사 안수를 받고, 1944년에 재일본 동경 조선연합교회 주임목사가 됐다. 8·15해방 후 그 교회 이름을 재일대한기독교동경교회로 바꾸고 계속 담임목사로 시무하는 동시에, 10여 회에 걸쳐서 재일대한기독교회 총회장을 지냈다.

뿐만 아니라 오윤태 목사는 8·15해방 다음 해인 1946년에 재일한국YMCA(동경Y)이사장에 취임했다. 그는 YMCA의 최고책임자로서 1988년 작고할 때까지 거의 평생을 일본에서 교회와 YMCA를 위해 헌신했다. 특히 그는 1944년 일본 정부의 명령으로 재일한국YMCA회관 건물이 흥생회興生會란 일본인 단체에 20만 엔으로 넘어갈 뻔 했던 위기를 모면하는 데 큰 공을 세웠다. 만약 8·15해방이 아니었다면 Y회관을 영영 잃어버리고 말았을 것이다.

오윤태 목사는 또한 교회 역사가였다. 국내에서는 찾아보기 힘든 많은 역사자료를 일본에서 수집했을 뿐만 아니라, 한국의 초대 선교사였던 캐나다 출신 구례선具禮善(R. G. Grierson)목사에게서 자료를 넘겨받아 많은 저서를 남겼다. 『한국경교사』韓國景敎史, 『한국가톨릭사』, 『한일기독교교류사-선구자 이수정李樹廷』등을 펴냈다. 모두가 한국 기독교에 관한 귀중한 저서들이다.

여기서 잠시 재일한국YMCA와 재일한국인교회의 특성에 대해 말

오윤태吳允台(1908-1988)

유석준兪錫濬(1914-1997)

해둔다. 위에서 말한 바와 같이 재일한국YMCA는 1906년에 서울 YMCA가 일본 유학생들을 위해 만든 것이다. 초대 총무는 김정식金貞植 씨였다. 그는 구한국정부 재일본 한국공사관 건물에다 회관을 차리고 학생선교를 시작했다. 그러나 학생선교만으로는 안되겠다 싶어 재일교포들을 위해 교회를 세웠다. 처음에는 YMCA회관에서 예배를 보다가 한국장로교회에서 한석진韓錫晋목사를 파송받아 예배를 보았다. 이것이 최초의 재일한국교회이다.

재일한국교회는 처음부터 교파를 초월한 연합교회(에큐메니칼)로 시작되었기 때문에 1917년부터는 장로교 목사와 감리교 목사가 2년간씩 번갈아 파송받아서 선교를 계속했다. 때문에 그 교회 이름도 단순히 ○○교회가 아니라 ○○연합교회로 되어 있었다. 필자가 1979년에 『한국 에큐메니칼운동사』를 냈는데, 그때 수집한 1936년도 통계에 의하면 일본의 수도 동경을 비롯하여 관동지방, 관서지방, 일본 전국에 있는 한인교회 수는 52개, 교인 수는 3,038명이었다. 이 교회들이 모두 에큐메니칼 교회였다. 교회를 세운 YMCA와 마찬가지로!

유석준俞錫濬 장로(1914-1997)는 1914년 경상북도 의성에서 태어났다. 어려서 가난하여 집에서 한문만을 배우다가 사립 신명信明학교를 졸업, 1932년 18세 때 일본으로 이주하여 평생 일본에서 살다가 1997년에 작고했다.

유석준 장로는 해방 후 1945년에 장로가 됐다. 재일한국YMCA 간사가 되기는 1955년, 이사장(제16대)으로 피선되기는 1967년, 그리하여 그는 오윤태 목사와 고락을 같이하면서 해방 후 일본에서 교회와 YMCA의 지킴이 구실을 했다. 일제 말기에는 일본 정부당국의 압박으로 고난을 겪었으며, 8·15해방 후에는 소련계 공산분자들의 침투로 고난을 겪었다. 그러나 유석준 장로는 오윤태 목사와 이신동체二身同體가 되어 교회와 Y를 수호하는 데 혼신의 힘을 다했다. 그는 재일한국Y의 간사·이사장 또는 명예이사장으로 14년간이나 봉사했다.

1974년 경도京都에다가 재일한국Y 지부를 세울 때의 일이다. 일본인Y는 재일한국Y가 일본Y 산하에 있지 않고 한국Y 산하에 있는 데 대하여 항상 불만을 품고 있었다. 일본 요코하마에서 일본Y 지도자회의가 있었는데, 유석준 이사장은 이 자리에 참석했다가 아주 어려운 질문을 받았다. "재일한국Y는 일본 땅에 있으면서 어찌하여 한국Y 산하에 있는가? 마땅히 일본Y 산하에 있어야 할 것 아닌가?"라는 질문이었다. 이런 질문을 받고 유석준 이사장은 "재일 한국인의 역사적 배경으로 보아 한국인Y의 조직은 민족을 단위로 하고, 사업은 지역을 단위로 해야 한다."고 대답했다. 이렇게 대답하자 일본Y 지도자들은 더 이상 말을 못했다. 이런 기발한 대답 한 마디로 유석준 장로는 오래 묵은 일본Y의 반대를 막을 수 있었고, 갈등도 잠재울 수 있었다.

유석준 장로는 일반 교포들을 위해서도 많은 공헌을 했다. 그는 1949년부터 1965년까지 16년간 민단民團 경도지방본부 부의장·의장이었고, 1967년부터 69년까지 2년간 민단 경도지방 본부단장을 지냈다. 그 뒤 고문이 되었다. 교육계에도 진출하여 경도 한국중학교의 초대 교장, 경도 신명信明학교의 초대 교장을 지내기도 했다. 한때 관서지방 교민들을 위한 납골당 관리인이 되기도 했다.

저서로는 『재일 한국인의 설움』(1988년)이 있다. 유석준 장로는 그 책 간행사에서 "재일생활 50년간 피압박 민족으로서 고통과 설움을 당하면서 살아온 체험과 자취들을 죽기 전에 … 국내의 동포들에게도 널리 알려드리고 싶은 생각이 떠올라 감히 이 책을 출판하게 되었습니다."라고 했다. 또한 당시 대한Y연맹 총무였던 강문규 총무는 축사에서 "장로님은 … 재일한국Y 재건사업의 책임을 맡아 오늘의 동경한국Y의 새 건물이 이루어졌으며, 또 신앙으로 동서東西, 오사카大阪에 자리 잡은 한국기독교회관의 개설에까지 큰 역할을 했습니다."라고 했다.

실로 이 책은 설움당하는 재일교포들의 대변지이며 동시에 한 독실한 Y맨의 자서전이기도 하였다. 아, 그가 우리 곁을 떠난 지도 어느덧 7년이 되었구려!

2004년 5월 30일

12. 유광렬 선생과 박종화 선생

유광렬(1898-1981) 선생과 박종화 선생(1901-1981)은 Y맨이 아니다. 이 두 분은 Y의 이사 또는 위원이 된 적도 없고, 순전히 Y의 외곽 인물들이다. 그럼에도 불구하고 그분들은 Y운동에 지대한 영향을 끼친 바가 있다. Y가 절대로 잊어서는 안 될 인물들이기에 여기 그 행적을 약술한다.

우선 유광렬柳光烈선생은 신문기자, 아호는 종석種石이고, 박종화朴種和 선생은 문학작가, 아호는 월탄月灘이다. 종석 선생은 경기도 태생이고 월탄 선생은 서울 태생이다.

종석 선생에게 학력이란 거의 없다. 1914년 16세 때 상경하여, 중앙 YMCA의 노동야학에 잠시 적을 둔 적이 있고, 보성 법률 상업학교에 입학했다가 2개월 만에 그만둔 것 외에는 학력이랄 게 없다. 다만 YMCA에서 열리는 강연회, 일요강좌 등에는 빠짐없이 참석했고, 순전히 독학으로 한학은 물론, 일본어 · 중국어 · 노어 · 독어 등 5개 국어에

박종화朴鍾和(1901-1981)   유광렬柳光烈(1898-1981)

능통하여 동서고금의 고전과 학문을 통달할 수 있었다.

종석 선생은 1919년 21세 때 《매일신보每日申報》의 기자가 된 것을 시작으로 하여 평생을 신문기자로 살았다. 1920년에는 《동아일보》의 사회부장, 1924년에는 《조선일보》의 사회부장, 1933년에는 《매일신보》의 편집국장, 1954년에는 《자유신문》의 주필, 다시 《한국일보》의 논설위원으로 있다가 1981년에 작고했다.

저서로는 『간도소사間道小事』 등이 있는데 그중 널리 알려진 것은 1969년 자신의 기자 생활 50년을 회고하는 『기자반세기記者半世紀』가 제일 유명하다. 이 책은 그가 서문에서 말 한 대로 "한 기자의 회고록이라 하기보다 민족반세기의 정치·사회·문화의 투쟁의 전열戰列을 기록한 측면사"라고도 볼 수 있는 귀중한 기록이다. 제1장은 기자반세기, 제2장은 한국의 기자상을 그린 것인데, 《만세보萬世報》 이후 배일排日의 주축 오세창吳世昌, 《독립신문》 주필 서재필徐裁弼, 「시일야방성대곡是日也放聲大哭」의 대기자 장지연張志淵 등 총 32명의 역대 기자들의 기자상을 그린 것이다. 이와 같이 수많은 기자들의 소사나마 쓰게 된 동기에 대하여 종석 선생은 그 서문에서 "만일 저자가 이것을 써서 남겨놓지 않는다면 이 역사의 희생자들은 흐르는 세월과 함께, 영원히 흘러간 물거품 같은 안개 속에 자취를 감추고 말 것이다." 했던 것이다. 이는 마치 필자가 한국 YMCA 기관지에다가 '역사가 새겨진 사람 이야기', '인물로 본 한국 Y 100년'을 쓰게 된 동기와 일맥상통한 데가 있다 하겠다.

그렇다면 종석 선생은 우리 YMCA와는 무슨 관계가 있는가? 위에서 이미 말한 바와 같이 종석 선생은 YMCA강당에서 소년시절을 보냈던 경험 탓인지 죽기 전에 막대한 재산을 서울Y에 기부했다. 경기도 고양시 일산 소재 청소년 수련원의 대지 5만여 평을 서울Y에 기부했던 것이다.

한편 월탄 박종화 선생은 1920년 휘문 의숙을 졸업한 것 외에는 별다른 학력이 없다. 그래도 월탄 선생은 당대의 유명한 시인·수필가·소설가로 한국 문단의 혜성 같은 존재로 군림했다. 일제 말기에는 창씨개명을 거부하고 일본 보국대에 참가한 문인들과 주먹다짐까지 했으며, 해방 후에는 적색문학에 대항하여 싸우기도 했다. 그는 60년간의 문학 생활을 통해 시집 3권, 장편소설 18편, 단편소설 12편, 수필평론집 3권을 냈다. 이러한 공로로 해서 그는 대통령문화훈장 제1회 문화공로상 등을 수상했다.

그가 역사소설 세종대왕을 연재할 때의 일이다. 내가 한번 찾아갔더니 "세종대왕은 성군이오. 세종대왕이라 하지 말고 세종성왕聖王이라 해야 옳을 거요." 하는 것이었다. 그러면서 "다음에는 월남 이상재 선생의 이야기를 소설로 써야 할 텐데…….' 하는 것 아닌가! 사실 그는 월남 선생이 이승을 떠나시자 "해 지고 어두운 거리 … 호걸은 망명하고 지도자 없었네 … 오오, 당신만이 겨레의 아버지! 대한의 성웅이셨네" 란 추모시를 써서 사람들을 울게 했던 것이다.

내가 월남 선생의 유묵 '일심상조 불언중一心相照 不言中' 이란 글귀를 발견했을 때의 일이다. 그걸 복사해서 여러 사람에게 나눠주면서, 월탄 선생에게도 그걸 가져다 드렸다. 그랬더니 월탄 선생은 갑자기 꿇어 앉아서 나에게 큰절을 하는 것이었다. "아, 월남 선생의 친필이군! 이건 원효대사元曉大師의 사상인데!" 하면서!

이 일이 있은 지 약 한 달 쯤 지나서 월탄 선생은 내 사무실로 나를 찾아왔다. 월남 선생의 유묵을 받은 답례로 찾아오셨다는 것이었다. 그는 청색 홍색 보자기로 싼 나무상자를 열더니 친필로 된 시구를 하나 내놓았다.

'三山半落青天外 二水中分白鷺洲' 즉 '삼산은 멀리 푸른 하늘가에 반쯤 떨어져 있고, 두 갈래 난 강 사이 백사장에는 백로 떼가 노니네.' 라는 이백의 시인데, 백로를 나의 아호 '오리' 에 비해보며 썼다는 것이었다. 나는 그때 또 한 번 그의 큰절을 받았던 것이다. 그래서 나는 월탄 선생의 큰절을 두 번이나 받았다.

나는 종석 선생에게서도 큰절을 받았다. 1971년 내기 금하 신홍우 박사의 전기 『인간 신홍우』를 썼을 때의 일이다. 하루는 종석 선생이 예고도 없이 나를 찾아왔다. 평소대로 양복차림에 중절모를 쓰고, 지팡이

짚고, 후리후리 큰 키에 내게로 다가오더니 차렷 자세로 모자를 벗고 내게 큰절을 하는 것 아닌가!

나는 깜짝 놀라 "선생님, 이게 뭡니까?" 했더니 당신은 《동아일보》가 주관하는 애국지사들의 『한국 현대 명논설집』의 편집위원중의 한 사람인데, 신흥우 선생의 논설을 하나 넣자고 했지만, 그는 친일분자라면서 매번 퇴짜를 맞았다는 것, 그런데 오늘 편집위원회가 모였을 때 한 위원이 나의 저서 『인간 신흥우』를 읽고 신흥우 선생은 친일한 사람이 아니라면서 넣게 되었다는 것, 그래서 너무 기뻐서 찾아왔다는 것이었다. 나는 그때 또 한 번 대선배의 큰절을 받았던 것이다.

나는 외솔 최현배 선생에게서도 큰절을 받은 적이 있다. 내가 《사상계》思想界' 주간으로 있을 때이다. 자유당 정부가 한글간소화 파동을 일으키자 나는 화가 나서 1954년 9월 호 《사상계》를 '독립 투쟁사상에서 본 한글 운동의 위치'라는 제목으로 특집호를 낸 적이 있는데, 이걸 읽고 외솔 선생이 내 사무실에 찾아와서 큰절을 했던 것이다. 그때도 나는 너무나 뜻밖의 일이어서 어찌할 바를 몰라 당황했었다.

내가 이런 이야기를 하는 것은 내가 자랑스러워서 하는 말은 아니다. 반대로 그 어른들이 존경스러워서 하는 말이다. 옛날부터 우리나라에는 '군사부일체君師父一體' 란 말이 있다. 이 말은 신하는 마땅히 임금을 우러러 모시고, 자식은 마땅히 부모를 가까이 모시고, 제자는 마땅히 스승을 존경해야 한다는 말이다.

그런데 위 세 사람은 그러한 선비 정신을 몸소 행동으로 보여주신 어른들이기에 여기 적어보는 것이다. 아, 그러나 지금은 그러한 선비를 좀처럼 보기가 어려우니 쓸쓸하기 그지없구려!

2004년 6월 20일

13. 성천 류달영 박사

류달영(1911-2004) 박사는
1911년 5월 6일 경기도 이천 생, 아호는 성천星泉이다. 1933년 서울 양정보고를 졸업하고 1936년 수원고등농림학교(현 서울농대)를 졸업한 뒤, 1956년 미국 미네소타대학 대학원 수업을 받았다. 1942년에는 '성서조선사사건'으로 스승 김교신 등과 같이 옥고를 치루었고, 해방 후 1961년에는 재건국민운동본부장, 1972년에는 한국 농업 기술자협회 총재, 1973년 서울대학교수협의회 회장을 지냈다. 1985년에는 한국무궁화연구회 초대회장, 1991년에는 사재를 털어 재단법인 성천문화재단을 설립하고 그 초대 이사장이 된다. 또한 그는 1998년 금탑산업훈장을 비롯하여 많은 수상을 했다. 저서로서는 1937년 농촌계몽의 선구자『최용신의 소전』을 비롯하여『류달영 인생론집』전 7권 등 이루 다 헤아리기 어렵다.

2004년 10월 27일 노환으로 작고했는데, 아래 글은 성천문화재단

류달영柳達永(1911-2004)

의 기관지《진리의 벗이 되어》2005년 1월 호(성천 류달영 전 이사장 추모 특집호)에 내었던 필자의 추모문이다.

기독교의 성서 요한복음 8장 32절에 보면 "진리가 너희를 자유케 하리라" 했다. 이런 말에서 본다면 성천 선생은 자유인이다. '진리의 벗이 되어' 한평생을 사셨기에 말이다.

선생은 나보다 네 살 위이다. 나이로 치면 서로 호형호제하며 허물없이 지낼 만한 사이다. 그러나 나는 님을 대선배로 여기면서 살았다. 왜냐하면 님은 인격으로 보나 학식으로 보나 남달리 위대한 분이기 때문이다. 어디에도 매이지 않고 평생을 자유인으로 사셨기 때문이다.

나는 님의 저서를 많이 읽지는 못했다. 그러나 하나라도 읽으면 자세하게는 읽었다. 『새 역사를 위하여』, 『협동과 사회복지』는 여러 번 읽었다. 내가 무슨 원고를 쓸 적에는 님의 말을 인용하기도 했다. 나는 그 책에서 많은 것을 배웠다. 예전 우리 민족의 향약운동이라든가 '계' 운동을 덴마크식 협동조합 운동과 접목시킴으로써, 새로운 한국적 복지사회 건설의 꿈을 키워주셨던 것이다.

1968년 내가 6·25때 파괴된 YMCA회관 재건을 마치고 새로운 프로그램을 개발할 때의 일이다. 나는 일정 때 성황을 이루었던 일요강좌라든가 각종 강연회, 음악회 등에 해당하는 사업으로써, 시민논단, 씽어롱 Y, 사회체육, 직업소년학교, 호텔학교와 같은 새 사업은 개발했지만, 과거에 큰 공헌을 했던 협동조합 운동 같은 농촌사업을 개발하기란 여간 어렵지 않았다.

이 때문에 오랫동안 고민을 하다가 님의 책을 읽고 나서 양곡은행* 사업을 개발하게 되었던 것이다. 이는 오로지 님의 저서 『협동과 사회복지』를 읽고 나서 착안한 사업이었다. 그래서 나는 새로이 양곡은행위원회를 설치하고 님을 위원장으로 모시고 사업을 시작했던 것이다. 1973년의 일이다.

양곡은행도 하나의 은행이므로 돈 대신 밑쌀 즉 현금 대신 쌀이 있어야만 했다. 그래서 나는 우선 경제계 지도자들을 찾아가서 협조를 구했다. 김용완, 김용주, 전택보, 기인득, 최태성, 최창금, 조성래 등 12명의 재계 거물들을 찾아가서 협조를 구했다. 그랬더니 그들은 즉석에서 나의 요청에 응해 주셨다.

---

* 첫째로 양곡은행은 돈 대신 양곡을 자본금으로 하는 은행이기 때문에 인플레의 영향을 받지 않으며, 둘째로 종래의 '장리쌀' 과 같은 것이지만 큰 부자 지주의 개인치부를 위한 것이 아니라 농민들의 공동 수익을 위한 것이며, 셋째로 5할 이상의 비싼 이자를 붙여서 돈놀이를 하는 고리대금과 같은 것과는 달리, 돈 대신 쌀을 2할 이하의 싼 이자로 빌려주었다가 반납케 하며, 넷째로 그 운영과 관리는 농민들 자신이 하게 하며, 다섯째로 쌀을 빌려 주되 쌀값이 비싼 춘궁기에 빌려 주었다가 쌀값이 싼 가을에 반납케 함으로써 농민들의 식생활 농자금 자녀들의 학비조달에 큰 도움이 되게 하는 것이다.

경제인들은 나의 설명을 듣자 양곡은행 계획은 경제이론에도 맞을 뿐만 아니라, 실현 가능성이 높은 사업이라는 것을 느꼈기 때문이다.

그래서 그들이 한 사람당 쌀 50가마니 또는 100가마니씩을 기부해 주어서 650가마니의 밑쌀(자본금)이 확보되었던 것이다. 이 쌀을 한 마을에 50가마니, 또는 100가마니씩 나눠주고, 그 보관과 운영·대여 업무는 일체 농민들이 위원회를 조직하여 전담케 했던 것이다. 이와 같이 양곡은행 사업이 쉽게 이루어진 것은 오로지 성천 선생의 탁월한 아이디어와 선견지명 덕분이라는 것을 나는 자신 있게 고백할 수 있다. 님은 농민들과 더불어 사신 자유인이며, 한평생, '진리의 벗이 되어' 사신 선각자이며, 단순한 이상촌론자가 아니라 농민들을 살리는 현실론자였기 때문이다.

아, 그러나 님도 우리 곁을 먼저 떠나셨구려! 작년 10월 28일, 서울 YMCA 창립 100주년 기념식이 열렸던 힐튼호텔에서 만났었는데, 그 때 우리 둘이 다 같이 공로자 표창을 받았었는데 그것이 마지막 만남이었구려! 님이여, 부디 하늘나라에서 영복을 누리소서!

《진리의 벗이 되어》, 2005년 1월 호

14. 용재 백낙준 박사

백낙준(1895-1985) 박사는
한국장로교회의 목사로 1895년 3월 9일 평북 정주군 태생이며, 아호는 용재庸齋이다. 일찍이 선천 신성중학교를 졸업하고, 중국 천진 소재 신학서원에서 3년간 수학하고 1918년 도미하여 미주리주 파크 대학에서 역사학, 프린스턴 대학에서 신학을 전공했다. 1927년에 예일대학에서 종교 신학을 전공, 철학박사(ph.D.)학위를 취득한 그는 귀국 후 연희대학의 교수, 문과 과장 등을 역임했다. 1946년에는 연희전문학교를 연희대학으로 승격시켜서 초대 총장, 이사장 등을 지냈으며, 1957년에는 연희대학과 세브란스의대를 합하여 대연세대학으로 만들고 그 초대 총장이 됐다.

1950년 문교부 장관에 취임했을 때에는 6·25동란이 났는데도 교육을 중단할 수 없다며 전시대학을 개설하고, 초·중·고등학교의 노천 수업을 강행하여 교육행정가로서 국제적 명성을 떨쳤다. 1952년 교

백낙준白樂濬(1895-1985)

육부 장관을 사임한 후, 서울시 교육회 회장, 대한교육연합회 회장 등을 역임했다.

용재는 1927년 미국에서 목사 안수를 받은 후 귀국하여 대현교회 당회장, 대한기독교서회 이사, 미국연합장로교회 고문, 대한예수교장로회 서울시 노회 공로목사, 전국신자화후원회 초대 회장을 역임했다. 용재는 국제 활동에도 깊숙이 관여하여 1946년 국제연합 한국위원단 영접위원장이 되었으며, 한국을 대표하여 참석한 국제회의는 범 아세아대회·아세아반공대회 등 20여 개에 이른다. 그리하여 그는 교육계와 학계, 사회와 교회를 위한 헌신적이며 탁월한 공로로 1948년 미국 파크대학에서 받은 명예신학박사 학위를 비롯해 국내에서 받은 명예박사 학위와 수상만 10여 개에 이른다.

또한 용재는 시민의 4분의 1의 지지를 얻어 국내 최고 득점자로 참의원에 당선되어 그 의장, 대통령 권한 대리, 국토통일원 고문, 국정자문회의 운영위원 등 중책을 맡기도 했다. 한 개인으로서 이와 같이 다양하고 막중한 중책을 맡은 인물은 장래에도 찾아보기 어려울 것이다.

그러나 용재의 공헌은 그의 독특한 교육관에서 찾아볼 수 있을 것이다. 그는 19세기 말에 태어나서 20세기 초에 교육을 받았으므로 신채호, 박은식 등의 민족주의 색채에 영향을 받게 되었다. 그리고 중국과 미국 유학 중에 세계주의 색채를 띠게 되었던 것이다. 그의 국학에 대한 관심과 열정은 이러한 민족주의와 세계주의와의 융합에서 이루어졌다고 볼 수 있다.

그리하여 그는 정인보, 최현배, 김윤경, 이원철 등 한국적인 학자들을 끌어들여 연세대학을 한국학 연구의 본산이 되게끔 하는 데 일조했다. 용재는 한글학회와 외솔회의 회장이 되기도 했다. 그러나 그의 역사관에서 '민족'이 전부일 수는 없었다. '독립'이 한 겨레의 궁극적인 목적일 수는 없었다. 한 민족의 독립은 그 민족과 다른 민족 사이의 상호의존이 전제되어야 하므로 그는 국학연구가 외국 선진 국가들의 문화 연구와 병행되어야 한다고 믿었던 것이다.

이런 주장 때문에 용재는 민족주의학자나 정치가들의 오해를 받기도 했다. 약 15년 전 어느 해인가, 나는 정초에 세배를 드리러 간 일이 있었다. 정월 초하루를 며칠 지나서 갔기 때문에 세배꾼이 나 하나뿐이었다. 그래서 마음 놓고 오래 이야기를 하다가 떠나려니까 그는 나를 붙잡고 "내 말 좀 들어보시오. 우리 학교 젊은 교수 하나가 나를 선교사관의 역사가라고 비평하는 거요! 내가 교회사를 쓸 때 외국학자나 선교사들의 보고서를 많이 인용하면서 썼다고 해서 나를 선교사관 역사가라고 평해요! 말도 안 되는 소리, 그 교수는 내 말을 많이 인용하면서 제 말인 것처럼 그 출처를 밝히지 않아! 그게 학자요?" 하면서 분통을 터뜨리는 것이었다.

　　1970년 서울에서 제37차 펜클럽 세계대회가 열렸을 때의 일이다. 그때 「초당草堂」(The Grass Roof)의 작가 강용흘 선생이 미국 대표의 한 사람으로 왔었다. 그는 나의 모교인 함흥 영생학교의 대선배이므로 나는 그의 비서노릇을 했다. 한번은 그가 "한용운의 「님의 침묵」을 영어로 번역했는데 그것을 미국에서 출판할 수 있지만 한국에서 출판했으면 해서 갖고 왔어요." 하는 것이었다. 연세대학 출판부에서 낼 수 없느냐면서! 그랬더니 용재 선생은 두말없이 좋다는 것이었다.

　　나는 너무 기뻐서 당시 천우사의 사장 설봉 전택보 박사에게 전화를 걸어 그 댁에서 용재·초당·설봉·나 오리가 부부 동반으로 저녁 식사를 하게 되었다. 나는 초당선생에게 미리 몇 가지 참고 사항을 귀띔해 드렸다. 그분들은 독실한 기독교인인 데다가 부인들이 같이 모이는 장소이므로 술을 권해도 조금만 드시라고 했다. 그런데도 불구하고 초당은 주인이 권하는 대로 양주를 꿀떡꿀떡 마시는 것이었다. 그래서 나는 얼마나 조마조마했는지 모른다.

　　드디어 사건이 벌어졌다. 초당은 흥이 나서 옛날 공부할 때 외우던 셰익스피어의 시를 청산유수처럼 낭송했다. 이태백·도연명 같은 동양 시인들의 한시들도 낭송했다. 손짓발짓 춤을 추는 듯하면서. 이걸 보고 용재도 흥이 나서 그에게 질세라 그 시들을 받아 넘기는 것 아닌가? 그들이 주고받고 하는 광경이야말로 이당 김은호 화백의 그림 한 폭의 동양화 〈죽림칠현의 사회〉를 방불케 하는 것이어서 나는 한순간 황홀경에 빠졌던 것이다. 그때 나는 처음으로 용재 선생의 천진난만하고 순진한 모습을 볼 수 있었다.

그런데 말을 바꾸어, 용재 선생은 YMCA와는 무슨 관계가 있었던가? 이에 대해서는 긴 설명이 필요 없다. 용재 선생은 YMCA 집회 때마다 강사로 나서 특강을 맡았다. 1954년에는 한국YMCA 연합회 회장이 되어 8·15해방 후 계속적으로 Y재건에 헌신했다. 그가 회장으로 있을 때 한국Y 전국연맹은 재단법인 인가를 받았다. 내가 한국교회사에 관심을 가지게 된 것은 그의 명저 『The History of Protestant Mission in Korea』때문이었다. 이 책이 한국어로 번역이 되어 『한국개신교사』란 이름으로 출판될 때에도 나의 도움이 조금은 있었다. 내가 1954년 《사상계》 주간으로 있을 때의 일인데, 내가 번역한 에밀 브룬너(E. Brunner)의 『정의와 사회』와 『정의와 자유』를 낼 때에는 그 서문을 써주기도 했다.

끝으로 그의 뛰어난 기억력과 선비정신, 민족지도자들에 대한 경건한 태도를 보고 놀라지 않을 수가 없었다. 1963년 Y창립 60주년 때의 일이다. 그 때 용재 선생은 외국 출타 중이어서 참석하지 못할 줄 알았는데, 관중석에 와 있지 않은가? 나는 사전 허락도 받지 않고 그에게 축사를 부탁했다. 용재 선생은 등단하여 "이 자리에 서고 보니 옛날 선배 어른들의 얼굴이 선하게 보입니다. 월남 선생, 좌옹 선생, 금하 선생, 특히 좌옹 선생 생각이 간절합니다. 조금 전에 우리는 '저 북방 어름산과 또 대양 산호섬' 이란 찬송가를 불렀는데 좌옹 선생은 찬송가 가사를 번역하는 데도 제1인자였어요. 그는 이렇게 번역했어요."

그릴난 어름산과
인도 산호섬과
아프릭 더운 내에
금모래 갈닌 곳
사람 산 데마다
죄의 속박 풀으라
우리를 부르네 (찬미가 제15장)

이렇게 그는 1절부터 4절까지를 줄줄 암송하는 것이었다. 나는 그때 또 한 번 그의 비상한 기억력과 박식을 보고 놀라지 않을 수가 없었다. 용재 선생은 1985년 1월 13일 작고하셨다.

《꽃들에게 희망을》, 2005년 9월 호

15. 박정희 전 대통령과 스코필드 박사

박정희(1917-1979) 전 대통령은 경북 태생으로 농민의 아들로 태어나 대구사범학교를 졸업하고 문경초등학교 교사로 3년간 있다가 만주군관학교와 일본육사를 졸업했다. 8·15해방 후 창군創軍에 참여하여 육군사관학교를 졸업한 뒤 1953년에 육군준장, 제2·3 군단장을 거쳐 보병학교장 겸 포병감·보병 제5사단장·제7사단장을 거쳐 육군 소장이 됐다.

1961년 제2군 사령관으로 재직 시, 밖으로는 동남아 각지에서 전운이 감돌고 국내에서는 정치적·사회적 혼란이 극심했을 때 이를 타개할 목적으로 5·16군사혁명을 주도하여 1963년 군복을 벗고 공화당 총재, 그 후 제6·7·8·9대 대통령을 역임했다.

이상은 군인으로 출발하여 군인으로 대통령까지 된 박정희朴正熙 대통령의 약력이다. 반면에 스코필드(F. W. Schofield) 박사(1886-1970)는 학자로 출발하여 대학 교수로 한국에 왔던 캐나다 선교사이다. 이 두

(오른쪽 앞)
박정희朴正熙(1917-1979)

사람은 국적도 다르고 나이는 31세나 차이가 난다. 또 그들은 다 같이 공식적인 Y맨이 아니다. Y의 외곽 인물에 불과하다. 그럼에도 불구하고 그들은 어떻게 Y발전에 공헌할 수 있었던가 그게 우선적인 관심사이다.

스코필드 박사는 월남 이상재 선생을 무척 존경했다. 그래서 그는 월남 선생의 양아들을 자처했다. 그리고 같은 캐나다 출신 선교사 게일(G. S. Gale, 연동교회 창설자)과 어비슨(O. R. Avison, 세브란스의전 창설자) 등이 캐나다 토론토 대학의 선배이자 한국Y의 창설자들이었기 때문에 Y에 대하여 관심을 갖지 않을 수가 없었다. 그리하여 그는 나에게 Y회관을 재건하는 데 쓰라고 50달러도 주고 30달러라도 주곤 했다. 작고할 때는 1,000달러를 주라는 유서를 남기기도 했다. 이러한 그의 성의와 애정에 감동을 받아 나는 더 열심히 Y회관 재건운동에 매진할 수가 있었던 것이다.

스코필드 박사는 박정희 대통령에 대해서도 남다른 기대를 걸고 있었다. 1961년 5.16 혁명 때의 일이다. 스코필드 박사는 예전과 마찬가지로 대학 연구실에 나와 있었다. 학생들이 "박사님, 이번 일을 어떻게 생각하십니까?" 물었더니, "한국 사람들은 마음만 합하면 반드시 번영할 터인데……." 이렇게 의미심장한 말을 하고는 6월 14일자 영자 신문 《코리안 리퍼블릭》에다 '5·16 군사혁명에 대한 나의 견해'라는 글을 기고했다. 그 내용은 5·16 혁명은 필요불가피한 일, 민주당 정권이 낳은 결과라는 것, 한국에서는 아직 진정한 민주주의가 불가능하다는 것, 이번 군사혁명은 한국의 번영을 위한 마지막 기회라는 것 등을 발표했던 것이다.*

한번은 나도 궁금해서 어찌하여 박정희 씨를 그렇게 지지하느냐고 물었더니 "박정희 씨는 농민의 아들이요, 아주 정직해요. 그 사람에겐 부패가 없어요. 핑계대지 않아요." 라고 간단하게 평하는 것이었다.

때문에 박정희 씨도 스코필드 박사를 무척 존경했다. 1963년 12월 어느 날이었다. 용산에 있는 군인교회에서 내게 전화가 걸려왔다. 박정희 장군께서 대통령 취임 전에 자기 교회에서 축하 예배를 드리게 됐는데, 그때 스코필드 박사가 기도해 주실 것을 원하니 나더러 교섭을 해

---

* 이상락 교수, 스코필드 박사 전기 『이 땅에 묻히리라』 p.228

달라는 것이었다. 그래서 12월 15일 주일예배에 참석하게 되었는데, 그 때 나는 스코필드 박사를 모시고 박정희 장군과 같이 예배를 드리게 되었다. 스코필드 박사는 영어로 기도문을 낭독하고 나는 그것을 한국말로 번역해서 낭독했다. 그 기도 내용은 지극히 간단명료한 것이었다.

"하늘에 계신 하느님 아버지, 오늘 우리는 박정희 장군이 대한민국 대통령으로 당선된 것을 축하하며, 정식 취임하기에 앞서 하느님의 가호를 빌기 위하여 여기 모였습니다. 하느님, 널리 굽어 살펴 주십시오. 우리 국민이 또 평계하지 말게 하십시오. 대통령도 평계하지 말게 하십시오. 또 다시 도탄에 빠지지 않도록 도와주십시오. 그리고 박정희 장군이 대한민국을 이끌어 나갈 때 여러 가지 어려운 일에 부딪히더라도 넘어지지 않도록, 하느님 붙들어 주십시오. 부패와 부정을 용감하게 제거 하고 오직 국민들의 행복만을 위해 몸 바쳐 일하게끔 하느님 도와주시기를 간절히 기도합니다. 아멘."

이것이 그때 기도의 전문이다. 이 짤막한 기도를 준비하기 위하여 나의 의견을 묻고 또 묻고 하면서 1주일 이상 준비하는 스코필드 박사를 보고 나는 놀라지 않을 수가 없었다. 박정희 대통령도 자신에 대한 스코필드 박사의 성의를 잘 알고 있었기 때문에 Y회관 재건비로 150만 원을 기부하기도 했다. 국가 원수로서 거액을 기부한 예는 이것이 처음이었다. 또한 그의 군사정부가 아니었다면 국유화 조치가 되고 민간인에게 불하까지 됐던 소공동 소재 일본인Y 재산과 북창동 소재 재산을 찾아낼 수 없었을 것이다. 그리고 박정희 대통령이 아니었다면 한국Y

연맹은 지금도 셋방살이를 면할 수 없었을 것이라는 것을 말해둔다.

끝으로 스코필드 박사는 누구보다도 한국을 사랑했다. 그래서 그는 외국인으로서는 유일하게 동작동 국립묘지 애국지사 묘역에 안장됐다. 그는 사람만 아니라 짐승도 사람처럼 사랑했다. 그의 한국이름 석호필石虎弼이 뜻하는 대로 자신을 호랑이로 자처했고, 우리도 그를 호랑이 할아버지라 불렀다.

1968년인가, 어느 날 학생들이 스코필드 박사를 찾아갔더니, 무척 침통한 표정을 하고 있더라는 것이다. 그래서 학생들이 "어째서 그렇게 울상을 하고 계십니까?" 물었더니, 그는 "내 동생이 죽었어요. 슬퍼요." 하는 것이었다. 그래서 학생들은 캐나다에서 무슨 소식을 듣고 그러는 줄 알고, "캐나다에 동생이 있어요?" 하고 물었다. 그랬더니 "아니오. 내 동생 창경원에 있어요! 창경원에 부패 많아요!" 하는 것이었다.

알고 보니 스코필드 박사는 그날 아침 신문에서 창경원 동물원 안에 있던 호랑이 한 마리가 사육사들의 잘못으로 죽었다는 기사를 읽고 그렇게 슬퍼했던 것이다. 학생들은 그제야 그 영문을 알고 같이 슬퍼하기는커녕 모두가 웃었다. 그랬더니 스코필드 박사는 "웃지 말아요. 난 슬퍼요." 라고 말했다.

학문을 해도 사람을 위한 학문이 아니라 짐승을 위한 학문 즉 수의학을 했던 스코필드 박사는 죽을 때에도 자기를 짐승에다 비하며 하느님의 가호를 빌면서 죽었다. 그래서 나는 「사모합니다」라는 추모시를 쓴 적이 있었는데 그 한 구절을 소개하면 다음과 같다.

… 병상에 누워 계실 때
찾아가 문안드리면
난 호랑이가 아니오, 고양이에요.
아주 약해요, 하며 웃기시던
호랑이 할아버지

임종이 가까워져서
또 찾아가 문안드리면
난 고양이가 아니오, 참새요.
가치 없어요, 하며 눈시울 적시던
호랑이 할아버지

이 말씀을 듣고
우리는 같이 울었습니다.
애정을 참지 못해

엽전 한 푼에 팔리는 참새도
하느님이 불쌍히 여기시거든
하물며 나를 버리시겠느냐 하시던
호랑이 할아버지
그때 그 모습, 그 말씀이 생각납니다.

Y연맹 편집위원회의 부결로
그 기관지에 내지 못했던 글임을 밝힌다.

16. 다석 유영모 선생[1]

유영모(1890-1981) 선생은 1890년 3월 13일 서울 남대문 수각다리 근처에서 아버지 유명근柳明根과 어머니 김완전金完全 사이의 맏아들로 출생했다. 유영모柳永模는 다석多石 또는 다석재多夕齋로 불린다. 7살 때 한문 공부를 시작했으나 2년 만에 훈장의 회초리 맞기가 싫어서 그만두고, 11살 때 3년제 초등학교에 입학했으나 2년간 다니다가 중퇴했다. 13살 때 서당에 다시 들어가 3년간 맹자 등을 공부, 16살 때 경성일어학당에 들어가 2년간 공부하고 18살 때 서울경신학교에 들어가 2년간 공부했다. 23살 때 일본에 가서 동경물리학교에서 1년간 수학한 것 등 학력이란 고작 이런 정도였다.

---

1) 여기 이 글은 나의 저서 『두산 김우현 목사, 그 신앙과 사상』 제3부 한국무교회주의 신앙의 어제와 오늘, 제2절을 전재한 것이다. 유영모 선생은 Y의 이사나 위원도 아닌 권외 인물이다. 그러나 Y 일용강회를 34년간이나 계속한 정신적 지도자였기에 여기 옮겨 싣는다.

유영모柳永模(1890-1981)

그것도 다 중퇴였지 졸업장을 탄 적은 없다.

그럼에도 불구하고 유영모는 1910년 21살 때 정주定州 오산학교五山學校의 교사로 들어가서 2년간 물리 · 화학 · 천문학 · 수학 등을 가르쳤는데, 이것은 23살 때(1912년) 동경물리학교에 들어가서 1년간 공부하기 전의 일이며, 32살 때(1921년)는 오산학교 교장으로 초빙 받아 갔으나 총독부 당국이 교장인준을 해 주지 않는 바람에 끝내 정식 교장은 되지 못했다.

이와 같이 유영모의 학력과 경력은 정말 보잘 것 없다. 그러나 그는 동서고금의 문헌을 넓고 깊게 통달한 석학이요 사상가이다. 또 그는 톨스토이의 『참회록』, 『나의 종교의 요체』, 『인생론』, 『교의신학 해부비판』 등 사상서적을 비롯하여 『부활』, 『전쟁과 평화』 등 소설을 탐독하고 이를 처음으로 한국에 소개한 개척자요 선각자였다. 더욱이 그는 「노자」, 「장자」, 「불경」, 「사서삼경」에 통달했고, 육당六堂과 춘원春園은 물론 위당爲堂 정인보, 호암湖岩 문일평, 고당古堂 조만식, 남강南崗 이승훈 등과 깊은 교우관계를 맺고 있었다.

그는 자기 부친을 도와 7년간의 솜공장 사업을 팽개치고, 북한산 자락 신라의 진흥왕 순수비가 산마루에 서 있는 비봉碑峯산 밑[2]에 들어가 40년간 농사를 지으며 살았다. 그리하여 친우 호암湖岩은 그를 북한산인北漢山人 또는 비봉거사碑峯居士란 별호로 불렀다. 유영모는 거기서부터 서울 종로 YMCA까지 걸어 다니며 35년간 연경반研經班 모임에서 성경, 불경, 사서삼경, 노자, 장자 등의 강의를 했다.

52살부터 일일일식一日一食을 시작하고 잣나무 널판 위에서 침거를 하기 시작했다. 아울러 이혼 아닌 해혼解婚을 선언하고 금욕생활을 단행하면서 오로지 진리탐구와 종교 및 철학 강의에만 힘썼다.

그는 아주 난해한 「다석일지」多夕日誌 4권 외에는 별다른 저서를 남기지 않았다. 그럼에도 불구하고 어찌하여 그를 위대한 종교인이요 철인이요 대스승이요 귀재요 선인이라 일컫는가? 그러나 여기서는 그의 철학사상이나 종교사상보다는 무교회주의 신앙과의 우리의 관심사이므로 박영호朴永浩의 역저『씨알, 多夕 柳永模의 生涯와 思想』[3]을 중심으로 이 관계를 더듬어 보기로 한다.

유영모는 1905년 16살 때 김정식의 인도로 기독교에 입교하여 연동교회蓮洞敎會에 나가기 시작했다. 당시 김정식은 연지도 136번지 연동교회의 애린당愛隣堂이라는 건물에서 살고 있었다. 그 동기는 다름 아닌 나라 빼앗긴 설움 때문이었으며 그의 아버지 유명근柳明根도 그 교회 신

---

2) 현재는 서울시 구역 내에 있지만 당시는 고양군 은평면 구기리 150번지
3) 朴永浩,『씨알, 多夕 柳永模의 生涯와 思想』, 1985, p.31

자였다. 부자 중 누가 먼저 입교했는지는 잘 알 수 없으나 그의 아버지 유명근은 1932년 장로까지 된 독실한 교인이었다.[4]

유영모가 톨스토이를 알게 된 것은 1910년 21살 때부터인 듯 싶다. 그렇게 되기까지는 연동교회의 충실한 교인이었다. 그러나 유영모는 23살부터 전통적 교회신앙을 버리고 교회 나가기를 그만두었다. 그는 톨스토이를 통해서 자아를 발견한 것이다. 이에 대하여 박영호 씨는 다음과 같이 말했다.

유영모가 톨스토이를 알게 된 것은 로망 롤랑이 스피노자를 알게 된 것과 비슷하다. 로망 롤랑이 스피노자를 만난 것은 로망 롤랑이 만 22살 때 스피노자의 『에티카』를 읽고서다. 그는 로망 롤랑 자신과 만나게 되었다고 말하였다. 유영모는 톨스토이를 통해서 유영모 자기 자신을 찾게 된 것이다.[5]

이것이 그의 첫 번째 믿음의 전기였다.

그리하여 유영모는 우치무라를 만나기 전부터 이미 무교회주의 신앙생활을 실천하기 시작한 셈이다. 그는 우치무라보다 먼저 톨스토이에 심취했던 것이다. 1928년 YMCA 모임의 강의안으로서 다음과 같은 톨스토이의 생활십계生活十戒를 그의 수첩에 적어 놓고 있었다.

....
4) 위 『연동교회 80년사』, p.92
5) 위 朴永浩, 같은 책, p.60

(1) 밤이나 낮이나 신선한 대기 속에서 살 것
(2) 매일 실외에서 운동할 것
(3) 음식을 절제할 것
(4) 냉수욕할 것
(5) 넓고 가벼운 옷을 입을 것
(6) 청결에 힘쓸 것
(7) 규율에 맞추어 일할 것
(8) 밤에는 반드시 푹 잘 것
(9) 이웃에 대해 착한 마음을 쓸 것
(10) 볕 잘 드는 넓은 집에서 살 것

이를 실천하기 위하여 그는 1935년 북한산 비봉 밑에 들어가서 40년간이나 앵두, 자두, 복숭아, 감 등 과일 재배와 닭, 토끼, 돼지, 젖소 등 가축 사육과 감자, 고구마, 토마토, 배추 등 먹거리 생산을 하며 살았다.[6]

유영모가 우치무라를 만나게 된 것은 그의 나이 23, 24살 때인 1912년 9월부터 1913년 6월까지로 당시 도쿄물리학교 재학 중이었다. 때마침 그의 믿음의 아버지 김정식金貞植이 도쿄 한국 YMCA 총무로 재직 중이었는데, 김정식 총무는 가끔 우치무라로 하여금 한국인 도쿄유학생들에게 강연을 하게 했었다.

6) 위 같은 책, p.142-143

유영모는 그의 강연을 재미있게 들었다. 그는 우치무라를 톨스토이보다 더 나은 사람으로는 보지 않았으나 한 세대 앞선 이로 존경했다. 그리하여 그는 그때부터 거의 10년 뒤인 1921년 다시 정주 오산학교 교장 초빙을 받아 갔을 때는 "학생들에게 우치무라의 훌륭한 점을 이야기하였다. 그 말을 들은 오산학교 졸업반의 함석헌咸錫憲이 뒷날 일본 도쿄에 공부하러 갔을 때 우치무라의 성서연구 모임에 나가게 되었다."[7]

이와 같이 유영모가 신자가 되게 한 것도 김정식이었고, 그에게 우치무라의 무교회주의 신앙을 알게 한 것도 김정식이었다. 한편 함석헌으로 하여금 무교회주의 신앙에 들어가게 한 것은 오로지 유영모 때문이었다. 또한 함석헌과 김교신金敎臣이 알게 된 것도 유영모의 영향이었다. 이에 대하여 함석헌은 "내가 김교신과 만난 것은 일본 동경에서다 … 나는 오산학교에 있을 때에 이미 유영모 선생으로부터 우치무라의 이야기를 들어서 기억하고 있었지만 그가 그 때 살아있는 사람인 줄은 몰랐다……. 그런데 어떤 날 어느 친구가 교회에 가는 이야기 가운데 우연히 김교신이 우치무라의 성서연구회에 간다는 것을 알았다. 그래서 곧 김교신을 찾아 그 후부터 그와 같이 그 모임에 다니게 되었다……."[8] 라고 했던 것이다.

김교신은 동경고사東京高師를 1927년에 졸업하여 귀국하고 함석헌·송두용宋斗用 등 여섯 사람이 《성서조선聖書朝鮮》을 창간하게 되었

---

7) 위 같은 책, p.75
8) 위 같은 책, p.128-129

다. 그 때 김교신은 유영모를 찾아가 함께 《성서조선》을 내자고 제의했다. 그러나 유영모는 이를 거절했다. 그 대신 유영모는 1931년 6월 21일 일요일에 김교신의 성서모임에 가서 처음으로 요한복음을 중심으로 성서강의를 하게 되었다. 《성서조선》 창간 4년 만의 일이다. 그 뒤부터 김교신은 유영모의 성경풀이를 독보적이며 영감적인 성경풀이라 감탄하게 되었으며 새해에는 세배하러 찾아가 뵙기도 했다.[9]

그러나 이 때까지도 유영모는 자기를 비정통신앙으로 보고 김교신을 정통신앙으로 보며 경이원지敬而遠之하며 조심스럽게 대했다. 그런데 1939년부터는 새로운 관계가 이루어지게 되었다. 김교신이 자기의 성서모임의 사람들을 데리고 구기동 유영모 집을 찾아갔기 때문이다. 신앙계에서는 자기 모임에 나오는 사람들을 데리고 다른 선생의 말을 들으러 찾아오는 법은 없었다. 그럼에도 불구하고 일행이 자기를 찾아오게 되니 유영모는 감탄할 수밖에 없었다. 그리하여 유영모는 처음으로 《성서조선》에 기고하게 되었다.

최초의 기고는 1937년 5월 "故 三醒 金貞植 선생"이었다. 이는 김정식 선생은 유영모의 믿음의 아버지요 스승이었기 때문이며, 또한 김정식은 김교식·함석헌의 스승이었기 때문이다.

두 번째 기고는 그로부터 2년 뒤인 1939년 5월에 있었다. 이번에는 "湖岩 文一平이 먼저 가시는데"라는 글이었다.

---

9) 위 같은 책, p.129-130

유영모와 문일평은 극친한 사이였다. 다석多夕 유영모가 문일평을 존경한 것은 그의 "고古로 불교문화, 근近으로 기독교 문화에 대한 깊은 조예" 때문이었으며, 호암湖岩 문일평이 유영모를 경애한 것은 그의 "명리에 초연한 선비정신과 한학에 뛰어난 실력" 때문이었다. 그런데 1939년 4월 4일 호암이 51세로 먼저 돌아가자 유영모는 큰 충격과 더불어 인생에 있어 새로운 전기를 맞게 되었다. 유영모는 「이승」이란 시를 썼다.

이승의 목숨이란 튀겨논 줄絃
쨍쨍히 울리우나 멀잖어 끈칠것!

이승의 목숨이란 피여논 꽃
연연히 곱다가도 갑작이 시들것!

이승의 목숨이란 방울진 물
분명히 여무지나 덧없이 꺼질것!

드디어 유영모는 1942년 1월 4일 문일평의 죽음으로 마음의 결정적인 전기를 갖게 되었다. 이 때부터 그는 일일일식을 시작했고 믿음에 백척간두百尺竿頭에서 진일보進一步하는 비약이 있었다.[10] 23살 때 톨스토이로 인하여 믿음의 전기를 입게 된 것을 제1차의 전기라 하면, 문일

---

10) 위 같은 책, p.153

평의 죽음으로 인한 마음의 전기는 제2차 전기였다. 유영모는 스승 김정식과 친구 문일평의 죽음에 대한 기고를 시작으로 하여 1942년 3월까지 《성서조선》에다 모두 11회의 기고를 했다. 그중 1942년 2월(157호)에 기고한 "부르신 지 38년 만에 믿음에 들어감"이란 글은 그의 믿음의 더 깊은 변화를 나타내는 중대한 글이었다. 그 글의 내용을 간추려 본다.

"이미 믿음이라면서도 사람의 영화를 하느님의 영화보다 더 좋아(요 12:4)하므로 가짓말을 하고, 살인을 하는 마귀의 자식이 되니(요 8:44), 죄를 범하는 사람은 다 죄의 종이라(요 9:34), 참을 찾는다고 하다가 제죄 가운데서 죽을(요 8:21) 자도 믿는다 하였고(요 8:31-58) … 예수 당시 三十八年된 病者가 恩惠의 집(베데스다)이란데 들어가서 병을 고치려 하였으나 혼자서는 들어갈 힘이 없어서 못하다가 예수를 만나서야 나아서 걸어감을 얻었다(요 5:2-9) … 주여 오늘날도 그런 자 하나이 있습니다. 주께서 저를 38년 전 1905년 春에 부르시지 안하셨습니까? 이래, 病든 믿음으로 온 것이 아닙니까? 저는 아버지 집에를 혼자 힘으로 들어가려고 하는 가운데 많은 세월을 거저 보낸 것 같습니다. 작년 一年은 '네가 낫고저 하느냐 부르신(요 5:6) 해'이며 … 生命이 말씀에 있으니 生命은 사람의 빛이라 요한 一章 四節을 저의 中生日, 一月 四日의 記錄으로 하겠아오며, … 금년 一月 四日에 제가 마침내 아버지 품에 들어간 것은 三十七年을 허송한 표인가 싶습니다. … 하느님을 사랑하고 그 뜻대로 부르심을 입은 사람에게는 모든 일이 합동하야 유익하게 되나니라(롬 8:28)"."

이에 대하여《성서조선》의 주필 김교신은 유영모의 글에 이어 "놀라운 入信의 光榮"이란 글을 실었던 것이다. 그 전문은 다음과 같다.

"하루아침에 多夕齊 선생은 例와 같이 쓰신 원고를 손수 지니고 오셨다. 흥분에 血潮를 띠시고 넘치는 기쁨을 制止치 못하시면서 來意를 피로하기 시작하였다. '오늘날까지 合當한 것 또는 當치 못한 拙稿를 많이 聖朝誌에 실어주신 것은 고마운 때도 있었고 미안한 때도 있었으나 이번 이 원고만은 반드시 실어주어야 할 義務가 聖朝誌에 있습니다.' 라고 하면서 내놓으신 것이 우의 '부르신지 三十八年만에 믿음에 들어감' 이라는 文字였다. 그 三十八年이라는 文字와 그 滿面에 넘쳐흐르는 변화의 광휘와 번갈아 對照하면서 余輩는 한동안 대답할 바를 찾지 못하고 오직 어안이 벙벙하였다. 多夕齊 선생의 爲人과 理智와 信條를 아는 이만은 잘 안다. 第一万九千日도 가까우신 금일에 '믿음에 들어감' 이라 하니 대체 무슨 '消息' 이며, 또 그 人信과 聖朝誌에 관련이 있다니 이 어떤 '奇別' 인고! 표범의 變皮를 보고저 원하는 이들아, 多夕齊 선생의 '入信' 한 전말을 詳讀해 보라! 돌같이 차고 죽었든 理智의 塊가 무르녹아 생명에 약동하는 신앙의 광명을 와보라! 骨決勝點에 가까울수록 가속도로 달리는 우리 선수의 모양을 형제여 주시하라."[11]

이와 같이 김교신은 그 때의 광경을 감격과 흥분의 어조로 말했던

---

11) 聖朝誌, 1942년 2월 호, 제157호, p.14

것이다. 또 유영모의 전기 작가 박영호 씨는 유영모가 "아버지를 찾게 되니 언니(예수)도 찾게 되었다. 그래서 아버지의 가장 으뜸가는 효자인 예수를 거울(스승) 삼아 살고자 하였다. 그래서 유영모는 '우리가 뉘게로 가오리까'에서 老子身도 아니고 釋迦心도 아니고 孔子家도 아니고 人子 예수라 결론을 내렸다."[12]고 말했던 것이다.

마침내 1942년 3월 30일 소위 '성서조선 사건'으로 유영모도 그 아들과 함께 종로경찰서에 수감되었다. 신앙활동을 가장하여 독립운동을 한다는 죄목이었다. 그러나 57일 만에 풀려났다. 8·15해방 뒤에는 YMCA 총무 현동완 씨의 간청으로 YMCA 연경반 또는 일요집회를 계속했다. 단 한 사람이 나와도 상관없이 8·15해방 전후 무려 34년간이나 계속했다.

1955년에는 사망예정일을 선포했고 『다석일지』를 쓰기 시작했으며, 1959년에는 『늙은이』란 이름으로 孝子를 순 한글로 번역 출간했다.

유영모를 세상에선 흔히 무교회주의자라 한다. 그러나 유영모는 "교회에 아니 나갔다고 내가 예수를 미워하나? 아니 나갔다고 무교회주의자인가! 교회에 아니 나감은 내가 성경을 집에서 읽기 위함인데!"[13] 라고 했으며, 모교회인 『연동교회 80년사』에는 "유영모는 한국 무교회주의의 대선배로 현재도 1년에 몇 번씩 시골에서 연동교회 예배에 참석

---

12) 위 박영호 같은 책, p.165, "우리가 뉘게로 가오리까"는 聖朝誌, 제158호(최종지), p.9-13에 실려 있다.
13) 위 같은 책, p.36

했다. 그는 유명근 장로의 장남이다."라는 기록이 있다.[14]

유영모에게는 세 가지 신비한 점이 있었다. 첫째로 하루에 한 끼만 먹는 것, 둘째로 감기에 걸리지 않는 것, 셋째로 무릎을 꿇고 앉는 것이었다. 그러나 그도 친히 예언한 대로 1981년 2월 3일 92세를 일기로 이승을 떠났다.

"유영모는 기독교청년회 모임을 … 해방 전 16년, 6·25까지 5년, 6·25 뒤로 13년 모두 34년이다. 유영모의 사상은 한결같이 하나로 꿰뚫었다.[15] 그리고 그의 모임에 열심히 참석한 제자들 중의 대표적인 사람들로 '함석헌, 전병호, 김흥호, 염낙준, 이정호, 고봉수, 이동화, 서완근 등은 6·25동란 전부터 모임에 나온 이들이다. 이성범, 유승국, 이동준, 주규식, 이몽한, 홍일중 등은 6·25동란 뒤부터 모임에 나온 이들이다. 기독교청년회 모임만도 30여 년이 계속되었지만 나오는 이들의 주소명단록을 만든 적이 없다."[16] 씨을의 저자 박영호 씨는 물론이다.

이 글은 내가 쓴 "두산 김우현 목사 전기"(1991년)에서 발췌한 것이다.

---

14) 위 같은 책, p.36; 위 『연동교회 80년사』, p.96
15) 위 같은 책, p.235
16) 위 같은 책, p.233

17. 서울 YMCA회관 2층 이사실에서

2006년 3월 7일 계묘구락부

월례모임 때의 일이다. 새해 들어 처음으로 모이는 월례회였던 만큼 박우승 YMCA 이사장이 직접 참석하여 점심식사를 대접하게 되어 있었다. 이보다 10여 일 전, 2월 24일에 열렸던 제103차 YMCA 정기총회 때에는 총회원 자격조항을 '사람'에게서 '남성'으로 개정하려던 헌장개정안이 (찬성표가 100여 표나 모자라서) 부결되는 바람에 이사회의 입장이 아주 난처해졌던 것이다.

이런 상황에서 나는 YMCA 이사들에게 한마디 참고의 말이라도 해야겠다는 생각으로 강태철 YMCA회장에게 차를 보내 줄 것을 요청했다. 그래서 나는 YMCA 직원들의 안내를 받아 YMCA회관 2층 이사실에 들어갈 수 있었다. 들어가 보니 벌써 계묘구락부 회장 오경린 목사와 박우승 YMCA이사장이 상석에 같이 앉아 있었고, 10여 명의 YMCA 원로회원들이 이야기를 나누고 있었다. 원로회원들이라지만 나에게는 모두가 후배회원들이었다.

오경린 회장이 나에게 말할 기회를 주기에 나는 다음과 같이 입을 열었다. "여러분 감사합니다. 내가 YMCA 현직에서 물러난 지 31년 만에 오늘 처음으로 이 이사실에 들어왔습니다. 참말로 감개가 무량합니다. 본디 이 이사실에는 운보가 그려준 선화仙畵〈선악仙嶽을 바라보며〉가 걸려 있었는데, 그게 지금은 보이지 않는군요! 그리고 이당 선생이 그려준 성화聖畵〈부활 후의 그리스도상〉도 보고 싶은데 그건 아마 지금도 총무실에 걸려 있겠지요!

이렇게 나는 말문을 연 다음 몇 마디 참고의 말, 권고의 말을 했다. 그 요지는 다음과 같다.

(1) 몇 해 전에는 우리 서울 YMCA 총회가 표용은 전 이사장 때문에 소란스러웠고, 이번 총회는 여성회원 참정권 문제로 소란스러웠습니다. 그러나 이제는 어느 정도 한고비 넘긴 감이 들어서 제가 여기 나왔습니다.

(2) YMCA는 세계 최초의 또 세계 최대의 에큐메니칼 운동체입니다. "기독교 청년회는 성경대로 예수 그리스도를 하느님과 구주로 믿어 그 신앙과 생활에서 그의 제자 되기를 원하는 사람들을 하나로 뭉치고 또 그 힘을 합하여 하느님의 나라를 이 땅에 임하게 하는" 운동체입니다.

(3) 또 YMCA는 예나 지금이나 '하나' 의 운동체입니다. "아버지께서 내 안에 내가 아버지 안에 있는 것 같이 그들도 다 하나가 되어 우리 안에 있게 하옵소서"(요 17:21)라는 예수님의 기도를 표어로 삼고 있는 운동체입니다. 그러므로 YMCA에는 교파나 종파 같은 것은 없습니다. YMCA는

국경도 초월하고 신·불신도 초월하고 남녀의 차별을 노소의 차별도 없습니다. 어떤 나라의 YMCA는 천주교인 중심으로 되어 있고 어떤 나라 YMCA는 개신교인 중심으로 되어 있지만 다 같이 오직 '하나'의 세계기구인 '세계YMCA연맹' 산하에 있습니다. 현재 YMCA는 130여 개국에 조직되어 있지만 오직 '하나'의 운동체로 뭉쳐 있습니다.

(4) 만약 이 '하나'의 정신이 없어지면 YMCA는 허수아비와 같은 존재가 되고 말 것입니다. 그런데 어찌하여 우리 서울 YMCA는 이 '하나'의 정신을 흐리게 하고 있습니까? 정말 안타깝기 그지없습니다. YMCA는 아무리 좋은 사업을 많이 하더라도 이 '하나'의 정신이 없다면 죽은 것이나 마찬가지가 되고 말 것입니다. 이 '하나'의 정신은 YMCA의 생명입니다.

(5) 지금 서울 YMCA는 시민운동을 더 많이 하고 있습니다. 그것도 좋습니다. 그러나 시민운동도 에큐메니칼 정신 하에서 해야지, 그 정신을 져버리고 한다면 무의미한 것이 되고 말 것입니다. 그리고 시민운동은 남성들의 점유물이 아닙니다. 시민은 남성들만이 시민입니까? 여성들도 꼭 같은 시민이 아닙니까? 100여 년 전에 있었던 우리의 3·1운동도 남성들만의 운동은 아니었습니다. 유관순·김마리아와 같은 애국여성들이 앞장섰었기 때문에 더욱 빛났던 것이 아닙니까?

(6) 나는 40여 년 전에 영국과 독일, 그리고 스웨덴, 노르웨이, 핀란드 등 유럽 여러 나라와 미국, 캐나다 등 여러 선진국의 YMCA를 돌아보고 온 일이 있습니다. 그때 벌써 세계 YMCA는 여성들에게 참정권을 주고 있었어요. 캐나다의 한 YMCA는 이사장은 남성에게 주고 총무(회장)는 여성이 하고 있었습니다. 나는 이것을 보고 돌아와서 1967년 YMCA헌장을 '남성'에서 '사람'으로 개정했던 것입니다.

(7) 그런데 어찌하여 서울 YMCA는 '사람'에서 다시 '남성'으로 고치

려고 합니까? 정말로 답답합니다. 서울YMCA는 혼자 힘으로 세계적 추세를 바꿔놓으려는 것입니까?

(8) YMCA는 본래 남성 위주의 운동체인 것은 사실입니다. 서울YMCA도 마찬가지였습니다. 이 전통은 물론 지켜야 합니다. YMCA가 여성 위주의 운동체가 되어서는 안 됩니다. 그러나 여성들에게 참정권을 주되 제한적으로 주어야 할 것입니다. 개혁도 중요하지만 전통도 그만큼 중요하기 때문입니다. 한국에는 아직도 YMCA와 YWCA가 따로따로 있습니다. 때문에 YW는 여성위주의 운동체가 되고, YM은 남성 위주의 운동체가 되어야 할 것입니다. 이 정통은 서로가 인정하고 존중해야할 것입니다.

(9) 그렇다면 YMCA는 여성회원들에게 참정권을 어떻게 주면 좋을까요? 나는 한 가지 제안을 합니다. 제안이라기보다 하나의 참고의 말씀을 드립니다. 가령 예를 들어 헌장 개정을 하지 않고서도 될 일입니다. 여성들도 이사가 될 수 있지만 전체 이사 수의 3분의 1을 넘어서는 안 된다, 각 위원회 위원 수도 3분의 1을 넘어서는 안 된다는 식으로 정하면 될 것 아닙니까? 헌장 개정을 하지 않고서도 가능한 일인 줄 압니다.

(10) 끝으로 계묘구락부는 물론 YMCA의 행정 기구는 아닙니다. 그러나 계묘구락부는 1931년 창설된 이래 YMCA가 어려움을 당할 때마다 원로원 구실을 해 왔습니다. 지금 우리 서울 YMCA는 아주 위기에 처해 있습니다. 그러므로 계묘구락부 회원들은 YMCA 이사들에게 권해야 합니다. YMCA 이사들은 이 어려운 때에 전통만을 고집하지 말고 과감히 전통도 어느 정도 버리라고 권해야할 것입니다. 풍랑을 만나서 침몰위기에 처한 선장이 싣고 가던 귀중한 물건들을 바다 속에 버리듯이, 아무리 전통이 아깝더라도 어느 정도 버려야 할 것입니다. 그래야만 YMCA를 살릴 수

있을 것입니다. 또한 동시에 여성회원들에게는 잘 타일러야 할 것입니다. 다 같이 YMCA를 사랑하는 사람들이기 때문에 우리의 권고를 듣지 않을 리가 없을 것입니다.

나도 마찬가집니다. 자나 깨나 YMCA를 위해 기도합니다. 꿈을 꾸어도 왕년에 YMCA회관과 YMCA 이념을 재건할 때의 꿈만 꿉니다. 아무쪼록 더 이상 YMCA가 정도正途에서 벗어나지 않고 다시 거듭나기를 간절히 기도합니다. 감사합니다.

2006년 3월 10일

제2장
이 나라를 위하여, 한글운동

1. '한자 외면은 우민화 정책'에 반문한다

지난 7월 16일자 조선일보의
"한자漢字 외면은 우민화 정책"이라는 기사 제목을 읽고 깜짝 놀랐다. 혹시 내가 너무 늙어서 잘못 본 것 아닌가 싶어 기사를 자세히 읽어 보았더니 그 내용은 더욱 파괴적인 것이었다. 한자 교육을 추진하는 한 단체가 궐기대회를 열어 정부의 한글화 정책을 비난하는 내용이었다. 분노마저 느꼈지만, 맞대결을 할 생각은 없다. 다만 몇 마디 반문을 하고 싶다.

첫째, 한자 교육을 안 시키는 것이 백성들을 바보가 되게 한다는 것인데, 그렇다면 한자 교육을 최우선적인 교육으로 하는 중국에는 왜 그다지도 문맹자가 많은가? 세계에서 문맹률이 최고 수준 아닌가? 유네스코는 '세종대왕상' 제도를 만들어 문맹 퇴치에 공이 많은 개인이나 국가에 해마다 상을 주고 있다. 세계의 수많은 왕 중에서 왜 세종대왕을 택했을까? 한글이 세계에서 가장 배우기 쉽고, 쓰기 쉽고, 가장 과학적인 글자이기에 그랬던 것 아닌가?

둘째, 한글 전용은 동북아 한자 문화권 시대에 역행하는 처사라고 했는데 우리의 목표가 세계화가 아니라 '동북아화'인가? 그럴 바에는 차라리 500-600년 전 한글이 없어서 한자에 매달려 살아야만 했던 시대로 돌아가고 말지!

셋째, 한글 전용은 국민의 언어 이해 능력을 떨어뜨리는 처사라고 했는데, 그것도 잘못된 생각이다. 이에 대해서는 반문보다 반론을 제기하고 싶다. 가령 '언어'의 경우 '말씀 언言' '말 어語' 등 한자 하나하나의 뜻을 알지 못해도 '말'의 뜻임을 알 수 있으며, '비행기'의 경우도 '날 비飛' '갈 행行' '틀 기機'를 알지 못해도 날아가는 기계라는 것을 알 수 있다. 글자 하나하나의 뜻을 알고서도 잘 알 수 없는 한자말도 얼마든지 있다. 언어의 이해는 후천적인 지식보다 영감과 본능에 속한 문제다.

한자 문화권은 이미 무너진 지 오래다. 한자의 특징은 글자 하나하나에 뜻이 있는 것인데, 획수가 많거나 복잡한 한자는 죄다 간단한 글자로 바꿔버렸기 때문이다. 이것을 간자簡字라 한다. 그래서 지금 중국에 가면 거리의 간판이나 지명이나 신문은 간자로 돼 있기 때문에 유럽에 갔을 때보다 더 불편하고 이질감을 느끼게 된다.

몇 해 전에 "한글도 수출한다"라는 기사를《조선일보》에서 본 적이 있다. 그 내용은 대만에서 중국문학을 전공한 한국인 학자 한 사람이

고유의 말은 있으나 문자가 없는 중국의 어느 소수 민족에게 한글을 가르침으로써 그들이 문자 생활을 하게 됐다는 것이었다.

《조선일보》, 2004년 7월 30일

2. 한글날을 살려 주소

　　　　　　　　　　　　　　사람은 젖먹이 적부터
말을 배우고, 자라서는 글과 학문을 배우고 일을 시작한다. 말과 글은 모든 일의 방편이 된다. 자기 생각을 말로 하고 글로 써서 정리한다. 또한 이를 통해 일과 학문을 하며 돈을 번다. 그러므로 말글생활이 인간 생활의 본질임을 알 수 있다.

　어느 나라 어느 겨레에나 말이 있다. 그런데 글을 그렇지 않다. 말은 있어도 글이 없는 족속이 매우 많다. 그들은 주변 겨레의 글을 빌려다 쓸 수밖에 없게 되고, 마침내 그들의 말마저 사라지고 만다.

　우리는 어떤가. 수천 년 한자를 빌려 쓰거나 향찰, 이두로 제 말을 부려 쓰다 15세기 전반기에 세종 임금이 '훈민정음'이라는, 말을 담을 그릇을 만들어 비로소 제 말을 글로 쉽고 자유로이 부려 쓰게 되었다.

　세종이 창제한 한글은 우리만의 자랑거리가 아니다. 온 인류의 자랑거리다. 그래서 유네스코는 훈민정음을 세계기록문화유산으로 지정했고, 또 '세종대왕상'을 만들어 해마다 문맹퇴치에 공이 많은 개인이나 단체에 상을 준다.

역대 대통령 중에는 말글살이에 큰 공을 세운 분도 있고 큰 과오를 저지른 분도 있다. 대한민국 건국 대통령 이승만 정권 때는 국회에서 한글전용법을 통과시켰다. 그로써 우리 겨레는 한자의 굴레를 벗어버릴 수 있었다. 하나의 문화 혁명이었다. 박정희 대통령은 비록 독재정치를 했다지만 재임 때 일제가 허문 광화문을 제자리에 옮겨 세우고 현판을 한글로 쓴 것은 잘한 일이다. 또한 서울 제일의 문화회관 이름을 세종문화회관이라 했으며, 공문서도 한글로만 쓰게 했다.

노태우 대통령은 큰 '우'를 범했다. 노는 날이 많다 하여 공휴일에서 한글날을 없애 버렸다. 경제발전에 저해가 되는 온갖 부패와 부정을 없앨 생각은 하지 않고 무고한 한글날을 죽여버린 것이다. 김영삼 대통령은 또 다른 과오를 저질렀다. 영종도에다 국제공항을 만들고 이름을 지을 때, 전 국민을 상대로 이름을 공모한 결과, 제1위인 '세종공항'을 묵살하고 8위인 '인천공항'을 택했다. 그러고도 문민정부라 할 수 있겠는가? 김대중 대통령도 그렇다. 한글날을 국경일로 해야 한다는 나의 편지를 읽고 담당 비서관에게 '잘해 주라' 지시해 놓고도 흐지부지해 버렸으니 말이다.

이제는 노무현 대통령에게 기대를 걸 수밖에 없다. 대통령 취임 전 인수위원회에서 한글날을 국경일로 해야 한다고 건의한 적이 있기 때문이다. 최근 국회에서 신기남 의원을 비롯한 여야의원 67명이 한글날 국경일 지정을 위한 '국경일에 관한 개정법률안'을 발의했다니 반갑고 반갑다.

　서당개 삼 년에 풍월한다더니 아, 나는 요 몇 해 늙은 몸으로라도 한글날 국경일 제정을 거듭 외치다보니 어느새 각설이타령 소리꾼이 다 된 것만 같다.

　　이보오 벗님네야 이내 말씀 들어보소
　　제발 한 번 들어보소
　　나는 죽어도 한이 없으니
　　한글날은 살려 주소 한글날은 살려 주소
　　오늘도 만 원짜리 지폐 한 장 벌었네
　　세종대왕 내 가슴속에 품었으니
　　부러울 게 무어냐, 부러울 게 무어냐
　　얼씨구나 좋고 지화자 좋다
　　흥타령이 절로 난다….

　타령을 길게 늘어놓을 일은 아니로되 그만큼 간절하다는 말씀이다. 특히 요즘 영어와 로마자가 득세하는 것을 보라. 토요일까지 합쳐 쉬는 날이 많아졌으니 국경일 하나 더하자는 데 고개 흔들 이들이 있을 터이다.

　그러나 현재 여러 국경일에 견주어 볼 때, 한글날의 가치나 상징성이 훨씬 높다는 데 공감하지 않을 이는 없을 터이다. 갈수록 나라와 겨레의 참모습이 흐려져 가는 이때 한글날을 국경일로 높임으로써 겨레

문화의 발전과 정기를 드높이는 데 이바지해야할 것으로 믿는다.

《한겨레신문》, 2004년 7월 19일

3. 광개토대왕비문이 한글로 됐다면

중국은 지금 고구려를
자기네 지방정권의 하나였다고 우겨대고 있다. 이것은 분명히 그네들의 오래 묵은 패권주의의 신호탄이다. 이에 대하여 우리 정부는 특사를 파견하여 강력하게 항의했다. 국회의원들도 여야가 하나 되어 대책을 강구중이며, 언론계는 언론계대로 학계는 학계대로 부산하게 움직이고 있다.

그러나 중국의 대통령 격인 후진타오 국가주석은 고구려사 왜곡의 주범으로 이른바 '동북공정東北工程'을 직접 지시해 놓고도 그것은 중앙정부와는 무관한 일이라고 발뺌을 하고 있다. 엊그제 중국 외교부 차관이 찾아와 했다는 5개 항의 구두합의라는 것도 일을 저질러서 문제를 만들어 놓은 측이 "고구려사 문제가 중대 현안으로 대두된 데 유념한다"는 적반하장 격의 이상한 소리이다.

현재 중국은 여러 민족으로 구성되어 있다. 그러나 역시 한족漢族

이 약 92%로 제일 강한 민족이다. 5호胡16국國 시대, 요나라, 원나라를 비롯해 북방 민족이 현 중국 지역을 차지한 경우를 제외하고는 중국은 역시 한족의 나라였다.

가까이 청나라와 금나라는 만주족이 세운 나라였다. 특히 청나라는 대규모 정복전쟁을 통해 서쪽으로는 위구르와 티베트 지역까지, 북으로는 내몽골과 준가르, 남으로는 대만과 베트남, 미얀마 일부까지 경략經略한 대제국이었다. 청 태종은 10만 대군을 이끌고 우리나라까지 점령했다가 물러갔다.

현재의 중국인들은 300년간 만주족의 식민지로 있었으나 그들에게 어떤 면에서는 감사해야 한다. 한족이 세운 명나라 때보다 거의 두 배나 넓은 영토를 확보해 주었기 때문이다. 현대 중국을 세운 이들은 '만주족을 멸망시키고 한족을 부흥시키자滅滿興漢'는 기치를 내걸면서도 만주족이 확보한 영토에 대해서는 고스란히 영주권을 주장한다. 지금 중국의 영토에 들어가 있는 티베트, 위구르 등 소수민족의 독립 시도가 끊임없이 문제시 되는 것은 바로 그 대가이다.

이런 초강국을 세운 만주족의 언어는 지금 사어死語가 되어버렸다. 만주족은 그 씨조차 찾아보기 어렵다. 왜 그리 되었을까? 대답은 간단하다. 만주족은 황실에서 사용하는 것을 제외하고는 자기네 고유의 말과 문자를 무시하고 중국어와 한자를 공용어로 썼기 때문이다.

여기서 우리는 역사적 교훈을 얻게 된다. 즉 한 민족의 고유문자는 살아 있다는 것 그 자체가 강한 무기 구실을 한다는 사실이다. 다시 말해서 한족은 나라는 빼앗겼지만 말과 글자가 살아 있었기 때문에 다시 정권을 회복할 수가 있었다. 반대로 만주족은 정권은 잡았지만 자기네 고유의 말과 문자를 버렸기 때문에 죽었던 것이다. 만주족은 스스로 무기를 버리고 투항한 셈이 됐다.

이런 점에서 볼 때 만주 벌판에 우뚝 서 있는 광개토대왕비문이 한글로 쓰여 있다면 중국은 감히 고구려를 자기 것이라고 우겨댈 수 없었을 것이다. 600년 전 세종대왕이 한글을 창제하지 않았다면 우리 민족은 벌써 한족에 흡수됐을 것이다. 한글이 창제되자 최만리 같은 얼빠진 신하들은 "우리 조선에서는 지성으로 대국을 섬겨서 한결같이 중화의 제도를 따랐습니다. … 그런데 어찌하여 새로 언문을 만들어서 스스로 오랑캐가 되고자 합니까?" 하고 반대했다.

그런데도 어찌하여 우리 오늘날 한자문화권 타령을 하는 사람이 그리도 많은가? 한자는 이미 녹슨 창검과 같은 것이 돼 버렸으며 바퀴가 떨어져 나간 탱크와 같은 것이 되고 말았다. 뜻글자인 한자는 하나의 기호처럼 된 지가 오래다.

한 민족의 고유문자는 핵무기보다 더 강한 무기라는 것을 어찌 모르는 것일까? 그러므로 한글운동은 단순히 한글 전용이냐 국한문 혼용이냐의 문제가 아니다. 국가 방위의 문제이다. 한글날 국경일 제정 운동도 단순히 한글날의 위상을 한 단계 높이자는 문제가 아니다. 한글운동은 한글을 세계화함으로써 세계의 죽어가는 약소민족을 살리기 위한 처절한 전쟁인 것이다.

《조선일보》, 2004년 8월 27일

4. 스웨덴의 야외극장과 한류

1968년, 내가 유럽 여러 나라를 구경 갔을 때의 일이다. 목숨을 걸고 덤벼들었던 YMCA회관 재건도 다 해냈으므로 홀가분한 기분으로 여행을 떠났다. 가진 것이라곤 몇 푼 안 되는 달러와 여권뿐이었다. 우선 일본에 들렀더니 친구 하나가 "세계 여행을 간단 놈이 카메라도 없이 가?" 하면서 제 돈으로 자동식 카메라 하나를 사 주어 무척 고마웠던 기억이 난다.

먼저 덴마크에 도착했다. 거기서 기차를 탔다. 다시 배로 갈아탈 줄 알았는데 기차가 배 속으로 들어가는 바람에 앉은 채로 바다를 건너 스웨덴의 수도 스톡홀름에 도착했다.

거기서 나는 야외극장 구경을 하러 갔다. 버스로 약 두 시간 거리에 있었는데, 가보니 높은 언덕 위에 큰 성당이 서 있었고, 그 아래 우묵한 웅덩이에 야외극장이 보였다. 벌써 3,000여 명의 관광객들이 꽉 차 있었다.

안내인에 따르면 옛날 어떤 심술궂은 청년이 저 성당 신부들이 미워서 돌을 던진 것이 빗나가 여기 떨어져 큰 웅덩이가 생겼는데, 그것을 야외극장으로 만들었다고 했다.

드디어 막이 올랐다. 마치 우리의 김삿갓을 방불케 하는 방랑화가가 나타난다. 그는 보따리 속에서 책 한 권을 꺼내 흔들면서 "이건 옛날의 실화요, 이게 오늘의 연극이오." 하면서 읽기 시작한다. 가끔 구성지게 시도 읊고 노래도 한다.

그가 퇴장한 후에 폭군이 나타난다. 그는 한 처녀를 농락한다. 드디어 그녀는 그의 시녀가 되고 만다. 그녀의 애인인 한 청년은 화가 나서 그 폭군을 죽이려 한다. 하지만 죽이지 못하고 종교재판에 걸기 위하여 예루살렘으로 향한다. 천리만리 길을 걸어서 가다가 지쳐 거지꼴이 된다. 게다가 창녀의 유혹으로 타락한다. 고민 끝에 결국 그는 죽고 만다. 그 청년은 자기가 지옥에 간 줄만 알았다. 그런데 거기가 천국이었다. 거기서 예수도 만났고, 자기 애인도 만났다. 또 세상에 있을 때 지옥에 갈 줄 알았던 나쁜 놈들이 천국에 와 있었고, 천국에 갈 줄 알았던 거룩하다는 사람들이 지옥에 가 있었다.

그 연극 내용은 대충 이런 것이었는데 나는 이것을 오늘 우리의 현실과 비교해본다. 우선 누군가가 우리 국회의사당에 돌을 던졌다고 하자. 있다면 우선 386세대가 던질 것이다. 그들은 3·1절도 모르고 8·15도 6·25도 모르는 자들이라 하지만 그들에겐 힘도 있고 용기도 있기 때문에 가능할 것이다. 또 원로 인사들이 던질 것이다. 그들은 구시대의 유물이라 하지만 그들에겐 지혜도 있고 경륜도 있기 때문에 가능할 것이다. 그러나 우리 국회의원들은 그들을 가만 내버려 두었을까? 또 국회의사당 경내에 생긴 큰 웅덩이를 메우지 않고 야외극장으로 꾸밀 수 있었을까?

그 야외극장의 인기는 대단한 것이었다. 해마다 세계에서 관광객들이 그 연극을 보러 모여들고 있었다. 그런데 오늘날 우리의 드라마의 인기도 대단하다. 한류의 바람이 세차게 불고 있다. 지금 일본의 젊은 이들은 우리의 드라마 "겨울연가"의 현장을 보기 위하여 발광을 하고 있다.

한국 드라마의 인기는 미국에서도 대단하다. 작년 10월 8-9일 양일간 하와이 대학에서 '글로벌 대중문화 속의 한국 드라마'란 주제로 학술대회가 있었는데 관중이 너무 많아 곤혹스러웠다고 한다.

한류는 중국에서도 일고 있다. 금년 1월 호《신앙계》에는 한 대학교수가 '언어는 최고의 문화상품'이란 제목의 글을 썼는데, 거기 보면 현재 중국에는 한국어학과가 있는 대학이 27개, 학생 수는 25만여 명에 이르고, 문자 없는 약소민족들은 한글을 배우고 있다고 한다.

또한 작년 1월 12일자《조선일보》'만물상萬物相'은 '한글 수출'로 돼 있었는데, 아프리카 케냐의 유목민족인 한 청년은 한국말은 모르지만 한국 선교사에게 한글을 배워서 애인에게 편지도 쓰고 글살이도 한다는 것이었다. 그러면서 이제 한글이 상품화되어 잘 팔리고 있다는 논지를 펴는 것이었다.

아, 이거야말로 진짜 한류가 아닌가! 한글을 팔아서 잘 사는 나라가 될 수 있다는 기대감에서 하는 말이다.

《월간 에세이》, 2005년 3월 호

5. 배은망덕은 말아야 살아남을 수 있다
 - 나라를 위한 마지막 기도

고대 그리스의 철인 소크라테스는 아들에게 이렇게 말했다. "내 아들아, 네가 만약 부모의 은혜를 모르면 친구가 돼 줄 사람은 하나도 없을 것이다. 부모의 은혜를 모르는 사람에게는 친절을 베풀어도 아무 소용이 없기 때문이다."라고.

또 인류 역사상 최초의 율법이라 할 수 있는 기독교의 십계명은 "네 부모를 공경하라, 그리하면 네게 준 땅에서 네 생명이 길리라"고 말하고 있다. 이 말은 곧 부모를 공경하지 않으면 네게 준 땅에서 오래 살지 못한다는 말이다.

그런데 민족의 경우는 이보다 더 심하다. 민족은 고유 문자를 가지지 못하면 그 생명이 오래 가지 못한다. 예를 들면 아메리카 인디언 민족이 그런 민족이다. 그리고 고유 문자를 가지고 있더라도 그것을 무시하는 민족은 오래 살지 못한다. 만주족이 그런 민족이다. 우리는 지금도 만주족의 고유 문자를 잠실벌에 세워진 청태종의 송덕비에서 찾아볼 수 있다.

　만주족은 청나라를 세운 강대한 민족이었다. 초강대국인데도 만주족은 고유 문자를 무시하고 한족 문자인 한자를 공용문자로 썼기 때문에 지금 만주족은 그 씨조차 찾아보기 힘들다. 그 언어는 사어가 되고 말았다. 그 문자는 박물관의 일개 소장품이 되고 말았다.

　그런데 우리 민족도 옛날에는 고유 문자가 없었다. 그래서 오랫동안 한족의 문자인 한자를 써야만 했다. 그러던 중에 약 600년 전에 세종대왕이 한글을 창제했다. 만약 그때 한글이 창제되지 못했더라면 우리 민족은 만주족처럼 벌써 한족에게 흡수되었거나 멸망됐을 것이다.

　이런 점을 고려할 때 세종대왕의 은혜야말로 하늘보다도 더 높고 크다 할 수 있다. 우리는 가끔 어버이의 은혜를 기리는 노래를 부른다. "높고 높은 하늘이라 말들 하지만 / 나는 나는 높은 게 또 하나 있지 / 낳으시고 기르시는 어버이 은혜 / 푸른 하늘 그보다도 높은 것 같아."

　그런데 나는 이 노래를 세종대왕의 은혜를 생각하며 그 가사를 조금 바꿔서 부르곤 한다. "한글을 창제하신 세종대왕 은혜 / 푸른 하늘 그보다도 높은 것 같아." 라고.

　이와 같이 세종대왕의 은혜는 높고 넓고 큼에도 불구하고 고맙게 여기기는커녕 무시하는 것이 오늘의 현실이다. 더욱 나아가서 노태우 정권 때에는 한글날을 국경일에서 빼 버렸다. 이러고도 우리 민족이 복을 받을 수 있단 말인가? 자고로 배은망덕하는 사람은 망한다고 했거늘 어찌하여 우리 국회는 제 무덤을 파고 있는 것인가.

한편, 6·25동란 이후 오늘날까지 미국 등 외국에 보내진 입양아가 약 25만 명이나 된다. 그리고 외국에 이민 간 사람과 유학생 수는 이루 다 헤아릴 수 없을 정도이다. 또한 6·25동란 때에는 미국 등 16개국에서 우리를 위해 싸워주었다. 얼마 전에 미국 워싱턴 시내에 한국전 참전 기념비가 세워졌는데 "알지도 못하는 나라, 만나본 적도 없는 사람들을 지켜달라는 부탁에 응한 미국의 아들딸들을 기리며"라는 비문이 새겨져 있다. 우리나라에 달려 온 미국의 젊은이들은 무려 150만 명, 사망자는 3만여 명, 부상자는 10만여 명이나 된다.

그런데도 일각에서는 반미를 외치고 있으니 그러고도 우리가 국제사회에서 살아남을 수 있는가? 한국의 종교인들은 이를 보고만 있을 것인가? 나라가 너무 걱정이 되어 나는 밤에 잠을 이룰 수가 없다.

오, 하느님. 이 백성의 배은망덕을 용서하여 주옵소서!

《국민일보》, 2004년 10월 8일

6. 말의 힘, 한글이 있었기에

2004년 7월 16일자 《조선일보》에 "漢字 외면은 우민화 정책"이란 기사가 실려 있었다. 그 주동 단체는 사단법인 전국한자교육추진총연합회(회장 민관식)와 민족문화추진회(회장 조순) 등이었는데, 그네들은 궐기대회에서 "정부가 추진중인 국어 기본법은 한글 전용을 앞당기려는 음모"라면서 한글 전용을 마치 반국가 행위인양 매도하고 있었다.

그네들의 주장은 크게 나누어 두 가지였다. 하나는 한글 전용은 국민들을 바보가 되게 한다는 것이며, 또 하나는 한글 전용은 언어 이해 능력을 떨어뜨린다는 것이었다.

이런 주장에 대하여 나는 《조선일보》 독자칼럼을 통하여 즉각 반론을 제기했다. 그러나 그때 그 반론은 지면 관계상 미흡한 것이었으므로 이번에 조금 더 깊이 있고 이론적인 글을 쓰게 된 것이다. 그러나 이것은 학문적인 논문이 아니다. 하나의 세론이라 할까, 시평이라 할까 잘

못된 주장에 대한 하나의 항변일 뿐이다.

(1) 한글 전용은 바보가 되게 한다는 데 대하여

그네들은 이 문제를 "漢字 외면은 우민화 정책"이란 말로 표현했다. 한자를 가르치지 않으면 국민들을 다 바보가 되게 한다는 이론이다. 그렇다면 한자교육을 최우선 과제로 삼고 있는 중국에는 문맹자가 왜 그리도 많은가? 문맹자가 많기로는 중국이 세계에서 최고수준인데 말이다.

그리고 유엔(UN) 기구인 유네스코는 훈민정음을 인류의 기록문화 유산으로 지정하는 동시에 '세종대왕 문맹 퇴치상(King Sejong Literacy Prize)' 제도를 마련하여 문맹퇴치에 공이 많은 개인이나 국가에게 해마다 상을 주고 있다. 이것은 한글이 세계에서 가장 배우기 쉽고 쓰기 쉽고 가장 과학적인 글자이기 때문에 그런 것이 아닌가?

그럼에도 불구하고 한자교육론자들은 걸핏하면 한글 전용을 마치 나라를 망치는 행위인양 매도하고 있으니 정말 답답한 일이 아닐 수 없다. 나는 과거 사단법인 한글전용국민실천회 2대 회장이었다. (초대 회장은 주요한 선생) 1975년부터 10년간 회장직을 맡았다. 그러나 1985년에 모임의 이름을 '국어순화추진회'로 바꾸는 동시에 회장직에서 물러났다. 왜냐하면 그때 나는 한글 전용을 기 쓰고 부르짖지 않더라도 저절로 되리라는 믿음을 가지고 있었기 때문이다. 그런데 지금은 어떤가? 내 생각대로 한글전용은 거의 보편화되어 있지 않은가?

지금은 과학의 시대이며 컴퓨터 시대이다. 컴퓨터 없이는 경쟁사회에서 배겨낼 수 없다. 상품을 더 빨리 더 쉽게 더 잘 만들지 않고서는 세계 시장에서 살아남을 수 없다.

그런데 한자처럼 배우기 어렵고 쓰기 어려운 글자는 이 지구상에 없다. 가령 '고구려'라는 나라 이름을 한글로 쓰면 12획을 그으면 된다. 그러나 '高句麗'라고 한자로 쓰려면 36획을 그어야 한다. 이렇게 쓰기 어려운 글자를 꼭 써야 한다고 우겨대는 것은 순 억지다. 이는 마치 12시간이면 갈 수 있는 목적지를 36시간 걸어야 갈 수 있는 길로 가는 것과 마찬가지의 어리석은 일이다.

한자에 있어서는 한 낱말에 한 글자가 있어야 하기 때문에 낱말의 수만큼 한자의 수도 있어야 한다. 그래서 중국어자전에는 5만 자 이상의 한자가 수록되어 있다. 그러므로 10년을 배워도 다 배우기 어려운 문자가 바로 한자인 것이다.

잠시 언어학자들의 논문 「한국어학개론」(전재호·박병채 외 공저)을 빌어 한자의 구성 원리를 살펴보면 한자어는 상형象形, 지사指事, 회의會意, 형성形聲 등 4종의 구성형식이 있고, 전주轉注, 가차假借 등 2종의 구성형식이 있다. 이것들을 합하여 육서六書라고 하는데,

    1) 상형象形은 산山이면 산 모양의 그림, 새鳥면 새 모양의 그림으로 표시한다. 이 상형문자가 중국문자의 원조이다.

    2) 지사指事는 점이나 선을 가감하여 추상적인 사물을 표시하는 방법이다. 예를 들어 −(선)을 경계로 하여 선 위에다 점을 찍어서 上이라 하

고, 아래에 찍어서 下라 했으며, 또한 O(원)의 중앙을 선으로 꿰뚫어서 中이라 했다.

3) 회의會意에는 두 종류가 있는데, 하나는 동모회의同母會意로서, 둘 이상의 같은 글자를 결합시켜 가지고 새로운 뜻을 나타내는 글자인 林・炎 등과 이모회의異母會意로서, 서로 다른 글자를 회합시켜 가지고 새로운 뜻을 나타내는 글자로서 位(사람의 서 있는 곳), 東(떠오르는 해가 나무속에서 보이는 방향) 등이 그것이다.

4) 형성形聲은 뜻글자와 소리글자를 합쳐서 만든 글자이다. 형形은 그 글자의 뜻을, 성聲은 그 글자의 소리를 나타내는 글자인데, 그 결합방식에는 여섯 가지의 종류가 있다. 즉 좌형우성左形右聲・우형좌성右形左聲・상형하성上形下聲・하형상성下形上聲・외형내성外形內聲・내형외성內形外聲 등이 있다. 이와 같은 형성문자는 한자의 90퍼센트를 차지하고 있다.

5) 전주轉注는 한 글자를 다른 방법으로 늘여서 쓰는 방법이다. 예를 들어 惡(악)은 善惡(선악)의 惡이지만 憎惡(증오)・好惡(호오) 등 미워하고 싫어하는 뜻으로 바꿔 쓰는 방법이다.

6) 가차假借는 발음할 말이 있어도 표현할 글자가 없을 때에 이 말에 맞는 다른 글자를 그 뜻과는 관계없이 빌어서 쓰는 형식이다. 예를 들어 革(혁)자는 동물의 피부에서 털을 뽑은 가죽의 뜻인데, 革新・改革 등 고친다는 뜻으로 革자를 빌어 쓰는 경우이다.

이와 같이 한자는 글자의 수가 많을 뿐만 아니라 두 개 또는 세 개 이상의 한자가 합쳐서 구성된 한자도 수없이 많다. 한자는 그 구성 원리에 대한 설명을 들으면 더 혼란스러워진다. 이렇게 어렵고 복잡한 글자는 이 지구상에는 한자 밖에는 하나도 없다.

그래서 중국에서는 한자 개혁운동이 일어났던 것이다. 쓰기 어렵고 복잡한 한자들을 죄다 간단한 글자, 즉 간자簡字로 바꿔 버린 것이다. 간자의 등장으로 해서 한자의 특성인 뜻글자는 하나의 기호가 되고 말았다.

한편, 오래 전부터 베트남은 한자를 버린 지 오래다. 그러나 일본은 아직까지 한자를 버리지 못하고 있다. 한자를 버리고는 글살이를 할 수 없기 때문이다. 일본은 히라가나平假名와 가타가나片假名와 한자漢字 등 세 개의 글자를 병용하고 있다. 그런데 '히라가나'와 '가타가나'도 따지고 보면 한자에서 따온 글자이다. 예를 들어 히라가나平假名의 경우 か(ka)자는 한자인 加자에서 따왔고, な(na)자는 한자인 奈에서, あ(a)자는 安에서 따왔으며 가타가나片假名의 경우 イ(i) 자는 伊의 イ를 따고, ウ(u) 자는 宇의 ウ를 따서 만들었다. 그러므로 일본사람들은 지금도 한자 지배하에 있다고 볼 수 있다. 적어도 문자생활에 있어서는 아시아에서 유독 우리 한국만이 한자 지배에서 벗어난 민족이라 할 수 있다.

그럼에도 불구하고 일부 한자교육론자들은 동북아 한자문화권 시대니, 또 한글전용은 동북아 한자문화권 시대에 역류하는 행위니 떠벌리고 있으니 정말 한심스러운 일이 아닐 수 없다.

중국은 지금 우리 고구려를 자기네 지방 정권의 하나라고 우겨대고 있다. 중국은 남의 것도 내 것이라 우겨대는 나라이다. 그런데 우리는 내 것도 네 것이란 식으로 행동하고 있다. 어찌하여 우리에게는 쥐꼬리만한 자존심도 없단 말인가? 인류 역사상 가장 배우기 쉽고 쓰기 쉽고 과학적인 한글을 버리고 또 다시 한자의 종노릇을 하자는 것인가?

한때 우리는 소위 3D현상(Difficult, Dangerous, Dirty)을 걱정했다. 산업화 과정에서 일어난 현상인데, 이 때문에 산업계는 구인난을 겪기도 했다. 그러나 3D현상은 새 가치관을 낳았다. 같은 값이면 일을 보다 쉽게(Easy), 보다 빨리(Speedy), 보다 안전하게(Safety) 하자는 현상, 즉 내 멋대로 말한다면 3Y현상을 낳았던 것이다. 이것은 인지상정人之常情의 결과이다. 인지상정은 언제나 새 가치관을 만드는 법이다. 그러므로 인지상정은 3D현상으로 하여금 새 가치관 즉 3Y현상을 낳게 했던 것이다. 한자교육론자들은 지금도 인지상정을 무시하고 값싼 지식에만 매달려 있다.

기독교의 성서에는 이런 말이 있다. "욕심이 잉태한즉 죄를 낳고, 죄가 장성한즉 사망을 낳느니라(약 1:15)". 그러나 나는 거꾸로 이렇게 말한다. "인지상정이 잉태하면 새 가치관을 낳고 새 가치관이 잉태하면 문화의 꽃이 핀다"고!

(2) 한글 전용은 언어 이해 능력을 떨어뜨린다는 데 대하여

국한문 혼용론자들은 첫째로, 우리말에는 동어이의同語異意의 말이 많기 때문에 한자를 섞어 써야 한다고 주장한다. 예를 들어 '말' 은 馬도 말이고, 言語와 斗도 말이기 때문에 한자로 써야 한다고 주장한다. 그러

나 '말을 한다' 는 것을 '馬를 한다' 고 할 사람이 어데 있겠는가? 그리고 사람의 '말' 은 길게 끌어야 하고 馬와 斗는 짧게 끊어야 한다. 그리고 동어이의의 문제는 우리만의 문제가 아닌 것이다.

둘째로, 그네들은 일본사람들처럼 한자를 섞어 써야 읽기 쉽다는 것이다. 이것은 구시대 사람들의 문제이지 새시대 사람들의 문제는 아니다. 만약 한글전용의 문장이 읽기 어렵다면 오늘날 모든 출판물이 한글화되지 못했을 것이다.

셋째로, 한글 전용은 언어 이해 능력을 떨어뜨린다는 문제이다. 한자는 한 자 한 자에 뜻이 있는 문자이므로 한자의 뜻을 알아야 그 말의 뜻을 잘 이해할 수 있다는 주장이다. 이것은 어느 정도 맞는 말이다. 그러나 인간은 지식으로만 언어를 이해하는 존재는 아니다. 가령 言語의 경우, 말씀 언言 자와 말 어語 자로 됐다는 것을 알지 못해도 잘 이해할 수 있다. 飛行機의 경우, 날 비飛 자와 갈 행行 자와 틀 기機로 됐다는 것을 몰라도 잘 이해할 수 있다.

한자의 뜻을 알고서도 그 뜻을 잘 알 수 없는 한자말은 얼마든지 있다. 가령 볼 관觀 자와 생각할 염念 자로 된 觀念이라든지, 가죽 혁革 자와 새 신新 자로 된 革新과 같은 한자말은 글자의 뜻을 알면 그 의미를 더 알 수가 없다. 글자의 뜻을 알면 더 혼란스러워지는 수가 있다. 가령 중국 사람들은 '물건' 을 '東西' 라고 쓴다. 이와 같이 그 글자의 뜻과는 전혀 상관이 없는 한자말이 많다.

한마디로 한자병용론자들은 지식이 언어 이해의 기본 요소인 양

주장하지만 이것은 잘못된 상식이다. 지식은 언어 이해의 도움은 될망정 기본 요소는 아니다. 이것은 말의 역사와 문자의 역사를 비교해 보면 더 잘 알 수 있다. 언어학자들에 의하면 말의 역사는 인간의 창조와 더불어 시작되었지만 문자의 역사는 고작 5,000-6,000년밖에 안 된다. 한자의 원조인 갑골문자도 그렇고, 이집트의 상형문자도 다 그렇다. 그러므로 문자가 생기기 이전의 사람들은 글자가 없었기 때문에 언어를 이해할 수 없었다는 말이 된다.

사람은 문자 없이도 말을 할 수 있고, 말을 이해할 수 있는 존재이다. 인류의 조상인 에덴동산의 아담과 이브는 태어남과 동시에 말을 할 수 있었고 서로 대화할 수 있었다. 이 사실은 기독교의 신약성서가 분명하게 말해준다.

> 태초에 말씀이 계시니라 이 말씀이 하나님과 함께 계셨으니 이 말씀은 곧 하나님이시니라 … 그 안에 생명이 있었으니 이 생명은 사람들의 빛이라(요 1:1-4).

이와 같이 말은 지식 이전의 존재이다. 인간의 말은 하느님의 창조물이지만 문자는 인간의 창조물이다. 문자는 저절로는 알 수 없다. 애써 배워야 알 수 있다. 그러므로 문자는 사람의 머리와 통하지만 말은 인간의 영혼과 통한다. 문자는 머리의 소관사인 반면에 언어는 영혼의 소관사이다.

　옛날 우리 어머니들은 "달아 달아 밝은 달아… 저기 저기 저 달 속에…"라는 동요를 많이 불렀다. 그 동요 속에 "양친 부모 모셔다가"라는 한자말이 나오는데 젖먹이 아이들도 양친부모는 엄마 아빠의 뜻임을 쉽게 안다. 왜냐하면 언어는 후천적인 지식으로 이해하는 것이 아니라 선천적인 영감과 본능으로 이해하는 것이기 때문이다.

　한편 한자교육론자들은 "한자漢字는 조어원造語源이고, 조어력造語力과 축약력縮約力이 무궁無窮하다. 한자는 일자一字가 일언一言이고 상호조相互造하여 형성形聲과 회의문자會意文字로 조어造語하는 일이 무궁無窮하다."*라고 강조하는데 한자가 조어력과 축약력이 많은 문자라는 것을 나도 인정한다. 그러나 그것은 인간의 지식과 관계된 문제이지 인간의 영혼과 관계된 문제는 아니다.

　또 그네들은, 특히 남덕우南悳祐와 같은 학자는 한자는 국자國字 즉 우리나라 글자라는 것이다. 이야말로 정말 어처구니없는 말이다. 한자도 동이족東夷族 즉 조선족이 만든 글자라는 주장과 한자도 우리나라 글자라는 말은 전혀 다른 말이다. 한자漢字는 한漢나라 사람들이 만든 글자이기 때문에 漢字라고 한 것 아닌가? 그러므로 세종대왕은 분명하게 말했다. 훈민정음을 반포할 때 "우리나라 말소리는 중국과 달라서 … 새로 스물여덟 자를 만드니…" 했던 것이다.

....

*2003년 12월 호 대회회보, 이중호의 논문 「한자교육이 국어교육이고 세계화교육이다」 중에서

(3) 말의 힘, 한글이 있었기에

한자교육론자들은 한맹漢盲이란 말을 즐겨 쓴다. 그러나 이것은 우리나라의 문제만이 아니다. 중국에서는 더 심각한 문제이다. 오늘날 간자簡字만을 배운 젊은이들은 간자가 나오기 이전의 출판물이나 제나라 고전에 대해서는 한맹자임을 그네들이 더 잘 알고 있다.

또 그네들은 동북아 한자문화권 시대라는 말을 즐겨 쓰지만 이것도 시대를 전혀 모르는 소리다. 동북아 경제권 시대라는 말은 있을 수 있어도 문화권 시대라는 말은 이미 옛말이 되고 말았기 때문이다. 지금의 중국은 모택동毛澤東의 독재국가도 아니요, 유교문화의 국가도 아니요, 순공산주의 국가도 아니요, 자유민주주의 국가도 아니다. 이것도 저것도 아닌 어정쩡한 국가이다. 언어와 문화와 전통이 다른 다수 민족들의 혼합국가이다. 한자도 퇴색 일로에 있다. 거기에 무슨 한자문화권 시대가 있겠는가?

이러한 시대 변화는 오래전부터 예고된 바였다. 중국의 유명한 작가 노신魯迅은 "한자가 없어지지 않으면 중국 인민은 망한다."**고 했으며 또 청나라 최후의 재상 이홍장李鴻章도 이와 비슷한 말을 했다. 또 문화혁명가 모택동毛澤東도 한자는 무식대중의 의식변화에 대한 큰 장애물이라고 말하기도 했다.

** 허웅 저, 『한글과 민족문화』, 1999

한편, 한글에는 두 가지의 특징이 있다. 그 하나는 과학성이다. 오늘날 영어가 세계를 판치고 있지만 영어는 한글보다 비체계적이며 비과학적인 문자이다. 누구나 다 알다시피 영어의 홀소리 A(에이)자의 경우, 말에 따라서 A(에이)자는 ㅔㅣ · ㅏ · ㅐ · ㅓ 등으로 발음되고, I(아이)자는 ㅣ · ㅓ · ㅡ 등으로 발음되고, O(오)자는 ㅗ · ㅓ · ㅡ · ㅏ 등으로 발음된다. 또한 닿소리 C(씨)자는 ㅋ(키읔) · ㅆ(쌍시옷) 등으로 발음된다. C(씨)자만 아니라 다른 닿소리도 여러 가지로 변한다. 또한 영어에 있어서는 써 놓고도 발음하지 않는 글자가 수두룩하다. 가령 Knight(기사)의 겨우 K자와 gh자는 발음하지 않는다.

그러나 우리 한글에서는 발음이 왔다 갔다 하는 법이 없다. 써 놓고도 발음하지 않는 글자는 하나도 없다. ㅏ자는 언제나 ㅏ자이지, ㅓ가 되거나 ㅐ가 되는 법은 없다.

또 하나의 특징은 한글은 사람의 음성기관을 본떠 만든 글자라는 것이다. 이런 글자는 인류역사상 우리 한글뿐이다. 그래서 세계 언어학자들은 이구동성으로 한글의 발견은 인류의 기적이라고도 했다. 잠시 한글의 제작 원리를 간추려 보기로 한다.

한글의 초성初聲 즉 닿소리는 소리가 나는 자리에 따라서 다섯 부류 즉 오성五聲으로 나누고, 각 부류의 소리들 중에서 가장 연한 소리를 기본으로 정하였다. 그 기본 소리를 표기하는 글자를 음성기관의 모양을 본떠 만든 것이다. 즉 어금닛소리牙音인 'ㄱ'자는 그 소리를 낼 때의 어금니의 모양, 혓소리舌音인 'ㄴ'자는 혀의 모양, 입술소리脣音인 'ㅁ'

자는 입술의 모양, 잇소리齒音인 'ㅅ' 자는 잇줄齒列의 모양, 목소리喉音인 'ㅇ' 자는 목구멍의 모양을 본떠 글자를 만들었다.

중성中聲 즉 홀소리는 삼재三才 즉 하늘·땅·사람이란 우리 고유의 정신과 음양철학陰陽哲學을 기초로 하여 만들었다. 즉 하늘이 먼저 열리고, 다음에 땅이 만들어지고, 다음에 사람이 하늘과 땅 사이에 생겨난 것이다. 그리하여 양陽의 대표인 '하늘' 과 음陰의 대표인 '땅' 을 본떠 'ㆍ' 자와 'ㅡ' 자를 만들고, 그 사이에 서 있는 '사람' 의 모양을 본떠 'ㅣ' 자를 만들었다. 이 세 소리를 기본으로 해서 11개의 중성中聲 즉 홀소리를 만들었다. 종성終聲은 초성과 꼭 같은 닿소리이므로 초성 글자 그대로를 같이 쓰도록 했다.

이에 대하여 허웅 박사는 『훈민정음 제자해制字解』의 말을 빌어 "아, 정음이 만들어져서 천지 만물의 이치가 모두 갖추어졌으니 신기하도다."라고 했다. 또 박병채朴炳采 교수는 "훈민정음의 특성은 첫째로 복잡한 구조로 된 한자와 달리, 또 단순히 한자의 모방구조로 된 일본문자와 달리, 소수의 28자를 인간의 발음기관과 삼재三才를 본떠 만들되, 거기에 우주의 형이상학적 진리가 깃들여 있다는 데서 찾아볼 수 있으며, 둘째로 오늘날 문자사文字史에서 가장 편리한 문자가 알파벳 같은 음소문자임을 생각할 때, 훈민정음의 과학성과 실용성은 누구나 높이 평가할 수밖에 없다."고 했다.

그리고 역사철학자이며 음성학자인 우리의 한태동韓泰東 박사는 그의 명저 『세종대世宗代의 음성학音聲學』 '훈민정음' 이란 항목에서 "이러한 제자制字의 사적 고찰을 통하여 마땅히 되어야할 모습으로서의 문자自然之文를 제정한 것이다. 이것은 그때까지 없었고 아직도 없는 '언어에 관한 새 언어'를 창제하는 작업으로서, 언어 자체의 근본적인 성격을 규명하며 그 일반적인 구조를 밝힘과 동시에 보편적으로 쓰일 수 있는 틀을 만들어 준 것이다. 이 전무후무한 귀중한 문화 유산은 어느 한 민족의 것이라기보다는 인류의 문화 전체에 공헌한 역작이 됨을 아래에 기술하고자 한다." 면서, 훈민정음의 자음과 모음은 인간의 음성기관을 본떠 만들었다는 사실을 해부학적 분석과 컴퓨터로 입증했던 것이다.

이와 같이 우리 한글은 사람의 음성기관을 본떠 만들어진 문자이므로 다른 문자들과는 근본적으로 다르다. 한글도 다른 문자들과 마찬가지로 인간의 창조물이지만, 한글은 하느님의 형상, 즉 사람의 음성기관을 본떠 만들어진 문자이기 때문에 신적 힘을 지니고 있는 문자이다.

그러나 '말' 은 문자보다 더 큰 힘을 지닌 존재이다. 왜냐하면 '말씀' 은 하느님과 동일한 존재이기 때문이다(요 1:1). 그러므로 하느님은 말씀으로 천지만물을 창조하셨다. 하느님이 말씀하시매 하늘과 땅이 생겨났고, 하느님이 말씀하시매 생명과 빛이 생겨났고, 천지만물이 생겨났다.

그리고 사람의 '말' 에도 창조적인 힘이 있다. 사람은 하느님의 형상대로 창조된 존재이기 때문이다. 모세는 하느님의 말씀에 따라 자기 동포들을 이끌고 이집트를 탈출하여 홍해에 이르렀을 때 "바다야, 길을 열어라!" 말을 하매, 바다가 갈라져서 홍해를 육지처럼 걸어서 넘어갔다. 광야에서 물이 없어서 다 죽게 되었을 때는 바위를 지팡이로 치면서 "생수야, 솟아나라!" 말을 하매 생수가 콸콸 쏟아져 나왔던 것이다. 이와 같이 사람의 말에는 신적인 힘이 있다. "하나님의 말씀을 받은 사람은 신"(요 10:35)이기 때문이다.

외솔회 회장이며 국어학자인 김석득 박사는 《나라사랑》 특집호 제108집 머리말 "다양한 우리 말글 연구의 오늘과 내일"에서 "외솔 선생의 언어관은 말(글)얼 일체입니다."라고 전제한 다음 외솔 최현배 선생의 저서 『우리말 본』을 기본으로 하여 다음과 같이 외솔 선생의 언어철학을 소개했다. 즉 "말은 겨레에 붙은 것이며, 배달말은 배달겨레의 표상이다."라고 했다. 또한 "한겨레의 문화창조 활동은 그 말로써 들어가며, 그 말로써 하여 가며, 그 말로써 남기나니, 이제 조선말은 줄잡아도 반만년 동안 역사의 흐름에서, 조선 사람의 창조적 활동의 말미암던 길이요, 연장이요, 또 그 성과의 축적의 끼침이다."라는 외솔 선생의 말을 인용하면서 외솔 선생의 창조적인 '말의 힘'에 관한 언어 철학을 논평했다.

철학자 이규호李奎浩 박사는 『말의 힘』이라는 저서에서 언어학자 바이스거버(J.L. Weisgerber)의 이론대로 하면 "영어에는 앵글로색슨 민족의 세계상이 있고, 독일어에는 전통적인 게르만 민족의 세계상이 있고, 우리말에는 우리 겨레의 세계상이 있다."고 한 다음, "그 세계상은 우리말의 '얼'"이라고 했다. 그런데 '얼'은 영혼이다. '얼'은 곧 하느님의 형상이다. 때문에 한글은 그 얼을 담는 데 가장 적합한 그릇이요, 그 얼을 닦는 데 가장 적합한 기계인 것이다.

위에서 말한 바와 같이 유네스코는 훈민정음을 인류 기록문화 유산으로 지정했고, '세종대왕상' 제도를 마련하여 문맹퇴치에 공이 많은 개인이나 국가에 대해 해마다 상을 주고 있다. 얼마 전에는 조선족 한 사람이 중국 위그르족 주거리역에다 한글학교를 세워서 큰 인기를 끌고 있다는 기사도 읽은 바 있다. 한글은 지금 한자 사용지역을 야금야금 파고들어가고 있다.

폐일언하고 나는 굳게 믿는다. 머지 않아서 유네스코가 우리 한글날을 '세계의 문자의 날' 로 제정하지 않을까! 나는 그날을 감히 기대해 본다. 아, 그래서 나는 날마다 아무 때나 어디에서나 하늘을 우러러 두 손 모아 치성을 드린다. 또 한 해가 가기 전에 한글날이 국경일로 되살아나기를 위해 간절히 기도드린다.

2004년 9월

7. 인사말씀, "한글날을 국경일로" 셋째 매를 내면서

세계의 석학과 저명한 언어학자들은 한글의 창제야말로 인류사의 기적이며, 한글이야말로 인류사랑이 가장 뛰어난 글자라고 찬탄하고 있다. 유네스코는 훈민정음을 인류의 문화유산으로 지정하고, 동시에 문맹퇴치의 수단으로 '세종대왕상' 제도를 만들어 해마다 시상을 하고 있다. 어떤 세계적인 언어학자는 20년 동안 한글날을 맞이할 때마다 동료·제자들과 함께 한국 음식을 차려놓고 한글날을 기리며 경축하기도 하였다.

이처럼 외국인들도 경축하는 한글날을 정작 우리는 외면하고 있으니 참으로 부끄러운 일이다. 단순히 공휴일이 많다는 이유로 한글날을 격하시켰다. 1991년 노태우 대통령 때의 일이다. 그때 한글날을 공휴일로 제외시키자 세간에서 말들이 많았다. 지식인들과 시민단체들도 한글날의 푸대접은 민족 문화의 경시 풍조에서 나온 반문화적 처사라고 논설을 쓰고 성명을 발표했다.

이에 뜻있는 16대 여야 국회의원들이 국민의 외침을 귀담아 듣고 한글날을 국경일로 추가 제정하기 위한 움직임을 보이기 시작했다. 그 분들은 국회의사당 안에서 공청회를 여는 등 활발한 활동을 하면서 많은 의원들의 찬성 서명을 받기도 했다. 그러나 유감스럽게도 16대 국회에서는 주5일 근무제 안건이 불거져 나오는 바람에 계속 지연되다가 끝내 처리되지 못했다.

우리는 이 법안이 통과되어 온 국민이 한마음으로 경축할 수 있는, 글자 그대로의 참된 국경일이 되는 데에 온갖 노력을 다할 각오가 되어 있다. 국민들의 뜨거운 성원이 있어야 한다. 또한 이 법안을 발의한 국회의원과 모든 의원들에게 힘찬 격려의 박수를 보내 주기 바란다.

사실 현재의 국경일인 개천절, 삼일절, 광복절, 제헌절 등은 모두 문화와는 직접적인 관련이 없는 날이다. 우리는 여기에다가 한글날을 추가함으로써 문화 부재의 우리 사회를 문화가 존중받는 사회로 승화시켜 나아가야 한다. 그럼으로써 도덕과 문화의 수준이 높은 자랑스러운 선진국으로 발돋움해야할 것이다. 우리 모두 자랑스런 문화 민족이 되어야 한다.

공휴일이 너무 많아서 경제발전에 지장이 된다는 소리도 일리는 있다. 그러나 이제는 우리나라도 경제 발전 못지 않게 문화 발전을 위해 노력할 때가 되었다. 한글날을 제대로 기려 경축하게 되면 문화 민족으로서의 자긍심을 가지고 우리의 문화 위상을 세계만방에 드높이며, 자손만대에 자랑스러운 문화유산을 물려줄 수 있다.

한글날을 국경일로 승격시키기 위해서 국회 입법 활동을 활발히 펼치는 국회의원 그리고 이 법안에 찬동을 표시한 모든 의원들에게 우선 고마운 마음을 전하며 격려의 박수를 보낸다. 이번 '한글날을 국경일로'의 셋째 매를 만드는 데 귀중한 글을 써 주시고 격려해 주신 분들에게 이 자리를 빌어 고마운 뜻을 전한다. 이 일에 열성을 다하여 밀어주신 언론기관과 언론계 여러분들에게 각별히 고마운 뜻을 전한다. 해외에서 한글의 참가치를 깨닫고 한글날이 국경일이 되어야 한다고 역설하여 주신 분들에게도 거듭 고마운 뜻을 전한다.

끝으로 한글날 국경일 추진을 위해서 물심양면으로 지원을 아끼지 않은 한글 단체와 임원들 그리고 한글을 위해서 온갖 정성을 다 쏟는 한글 사랑 국민 여러분과 일꾼들에게도 끝없는 고마운 인사를 드린다.

2005년, 한글날 국경일 제정을 염원하며

8. 한글날 국경일 승격 축하 모임 인사말씀

존경하는 한글 사랑

동지 여러분, 국회의원 여러분, 숙녀 신사 여러분, 공사 간 바쁘신데도 불구하고 이처럼 많이 참석하여 주신 것 진심으로 감사를 드립니다. 이 자리는 서로 노고를 치하하고 축배를 나누는 자리입니다. 감사합니다.

여러분, 지난해 12월 8일 한글날을 국경일로 정하기 위한 "국경일에 관한 법률 개정안"이 드디어 국회 본회의에서 만장일치로 통과되었습니다. 이것은 한글날이 공휴일에서 제외된 지 15년 만이며, '한글날 국경일 제정 범국민 추진위원회'가 생긴 지 5년 만의 일입니다.

그동안에 우리는 얼마나 애를 태웠습니까? 국회의원들은 국회에서, 교사들과 학자들은 학교와 학계에서, 일반 국민들은 가정과 교회와 일터에서 추락된 한글날의 위상을 되찾기 위하여 싸워왔습니다. 이 싸움은 처절한 전쟁이었습니다. 우리의 말과 글이 홀대받는 것을 보며 너무나 기가 막혀서 목숨 걸고 싸웠습니다.

그런데 이 전쟁은 이제 끝나고 승리는 우리의 것이 되었습니다. 이 승리는 우리 모두의 것입니다. 7,000만 온 겨레 모두의 것입니다. 노는 날이 많다고 해서 한글날을 국경일에서 빼 버렸던 몰지각한 관료들과 정치인들과 경제인들도 자기네 잘못을 뉘우칠 것입니다. 그리하여 이 승리는 온 겨레 모두의 것이 될 것입니다.

그런데 이 승리는 폭력시위나 때려 부수는 식의 승리는 아닙니다. 어디까지나 평화적인 투쟁의 결과입니다. 옛날 세종대왕이 그랬듯이, 또 일정 때 조선어학회 선열들이 그랬듯이, 아무리 화가 나고 기가 막혀도 주먹 한 번 휘두르지 않고 오랜 참음과 관용, 오랜 설득과 정신력으로 싸워서 이긴 승리입니다.

때문에 우리는 이 승리를 세계만방에 고하고 문화강국으로서의 위상과 자존심을 떨쳐야 할 것입니다. 나는 이 승전보를 집에 혼자 앉아 있다가 듣고 감격하여 벌떡 일어나 "하느님이 보우하사 우리나라 만세"를 불렀습니다.

친애하는 동지 여러분, 숙녀 신사 여러분, 이제 우리는 잠시 마음을 가라앉히고 숨을 돌려야 합니다. '한글날 국경일 제정 범국민 추진위원회'는 자진 해산됩니다. 나 같은 힘없는 노병은 일선에서 물러나야 합니다. 그 동안 나와 함께 싸워주신 전우들에게 진심으로 감사합니다.

그러나 여러분, 우리의 전쟁이 이것으로 다 끝난 것은 아닙니다. 다른 전쟁이 또 우리를 부르고 있습니다. 이때까지 우리의 전쟁은 우리 자신을 살리기 위한 전쟁이었으나, 앞으로의 전쟁은 남들을 살리기 위한 전쟁입니다.

얼마 전에 한 외국신문에 난 기사를 보면 현재 지구상에서 사용되고 있는 언어 수는 약 8,800개인데, 그중 문자를 가지고 있는 언어 수는 3분의 1도 못된다고 합니다. 그나마 그것도 알파벳 문자와 한자 세력에 밀려서 2100년경이 되면 그 언어의 90%가 사라질 것이라고 합니다.

여러분, 언어가 소멸된다는 것은 곧 인간이 소멸된다는 것입니다. 언어는 인간의 생명이기 때문입니다. 그래서 고유 문자를 못 가진 약소민족들은 살아남기 위하여 영문 알파벳이나 한자를 빌려서 쓰는 경우도 많습니다.

그러나 여러분, 알파벳문자와 한자처럼 쓰기 어렵고 비과학적인 문자는 없습니다. 가령 예를 들어, 영어의 A자는 경우에 따라 'ㅔ·ㅣ'만이 아니라 'ㅏ·ㅗ·ㅐ'로도 읽어야 하고, O자는 'ㅗ'만이 아니라 'ㅏ·ㅜ·ㅐ'로도 읽어야 합니다. 그리고 써 놓고도 읽지 않는 글자가 수두룩합니다.

그리고 중국어의 경우, 중국인들은 "지금 몇 시요"라는 것을 "셴자이 지 덴중"하며 한자로 쓸 때에는 "現在幾點種"이라고 씁니다. 이 말을 한글로 쓴다면 26획만 그으면 되지만 한자로는 무려 63획을 그어야 합니다. 이렇게 쓰기 어렵고 비경제적인 글자는 세계에 없습니다.

폐일언하고, 우리의 궁극적인 목적은 죽어가는 인류의 언어를 살리는 데 있습니다. 그런데 이 언어는 민주화 투쟁 현장에서 흔히 쓰이는 언론의 자유 같은 그런 정치적 학문적 언어는 아닙니다. 그보다 더 원초적인 언어입니다. 이런 언어가 자꾸 죽어가기 때문에 우리가 나서야 하는 것입니다.

이를 위하여 이미 유네스코(UNESCO)는 고속도로를 닦아 놓았습니다. '세종대왕 문맹 퇴치상' 제도가 바로 그것입니다. 유네스코가 미국이나 영국이나 프랑스나 중국이나 일본의 제왕 이름을 따지 않고 '세종대왕'을 가지고 문맹 퇴치상을 만든 이유가 어데 있겠습니까? 훈민정음이 인류역사상 제일 쓰기 쉽고 배우기 쉽고, 28개 문자만 알면 무슨 말이든지 다 담을 수 있는 국제적 문자이기 때문이 아니겠습니까.

친애하는 동지 여러분, 숙녀 신사 여러분, 우리 한글을 무기에 비하면 핵무기보다 더 강한 무기입니다. 이 무기를 가지고 우리는 유네스코가 닦아 놓은 고속도로를 달리기만 하면 됩니다.

이미 전쟁은 시작되었고 승전보가 지구촌 구석구석에서 전해오고 있습니다. 한글은 한자 전용 지역인 중국 대륙까지 야금야금 파고 들어가고 있습니다. 한글은 한류를 타고 최고의 문화 상품으로 잘 팔리기도 합니다.

여러분 감사합니다. 우리는 행복합니다. 한글 사랑 동지 여러분, 새해를 맞이하여 더욱 복 많이 받으시고, 세계의 평화와 번영을 위해 많은 공헌 하시기를 기원합니다. 감사합니다.

2006년 1월 19일

한글날 국경일 축하 모임

한글날 국경일 축하모임은 이대로 사무총장의 사회로 개회, 제1부에서 (1)전택부 위원장의 인사말씀 (2)김원기 국회의장의 격려사 (3)신기남 의원·김형오 의원·김계곤 한글학회장·이삼렬 유네스코 한국위원회 사무총장의 축사 (4)김원기 국회의장과 신기남 의원에게 공로패 드림 (5)이용희 의원 외 14명 의원에게 감사패 드림 (6)넷피아 이판정 사장 외 21명에게 감사패 드림 (7)오동춘 교수의 축시 (8)최기호 국어단체연합회 회장의 마무리 말씀을 끝내고 제2부 축하만찬회로 폐회하였다.

앞 식탁에 둘러앉은 사람들. 왼쪽부터 전택부 회장, 이삼렬 유네스코 한국위원회 사무총장, 노회찬 의원, 김재윤 의원, 노현송 의원, 신기남 의원, 이계진 의원, 김계곤 한글학회 회장

본부장 서정수 박사

앞줄 왼쪽부터 오동춘 교수, 김계곤 한글학회장, 전택부 한글날국경일제정범국민추진위 위원장, 신기남 국회의원, 뒷줄 왼쪽부터 최기호 교수, 이연실 수필가, 류은자 수필가 겸 화가, 임숙현 시인, 이계진 의원, 조일규 시인, 노현송 의원, 김재윤 의원, 노회찬 의원, 한상운 전 경기도 의원

왼쪽부터 남영신 국어문화운동본부 회장, 이봉원 전국국어운동대학생동문회 회장, 김경희 전자출판협회 회장, 허흥구 우리말살리는겨레모임 운영위원, 이대로 한글날국경일제정범 국민추진위 사무총장, 임경희 중앙대학교 교수, 박용수 한글문화연구회 이사장(앉아 있는 사람은 전택부 위원장)

축하 모임 때 격려사를 했던 당시 김원기 국회의장(왼쪽)

9. 한류는 바람을 타고 한글은 쌍두마차를 타고

TV 광고에서 우리는 가끔 명언을 발견한다. 얼마 전에 KBS 제2텔레비전에서 어떤 자동차 회사가 "사람은 비교 대상이 아니다. 그러나 자동차는 비교해 보아야 한다."라고 하는 것을 보았다. 이 광고 말은 어떤 철인의 어록에 나오는 말같이 여겨져서 '참 그렇구나.' 하고 감탄을 했다.

사실 그렇다. 인간이 비교 대상이 되어서는 안 된다. 인간을 상품 다루듯 비교하는 것은 죄악이다. 그런데 인류 역사는 피부 색깔이나 빈부귀천이나 직업으로 가치 판단을 하는 죄악으로 얼룩져 있다.

우리 한국 역사도 예외가 아니다. 한국은 주로 인간의 직업을 가지고 인간의 가치를 판단했다. 이러한 가치관은 봉건 시대부터 19세기 후반까지 이어졌다. 사·농·공·상 등 네 가지 직업으로 사람의 가치를 나누었다. 그중 장사꾼들이 제일 하치였다. 그리고 백정, 광대, 갓바치, 고리장, 포졸, 기생, 무당 등 이른바 칠천역七賤役은 네 계급에도 못 드는 등외 계급이었다. 더구나 종은 주인의 소유물에 불과했다.

등외 계급과 종들이 사람 대접을 받기 시작한 것은 19세기 후반부터이다. 유럽에서는 산업혁명과 동시에 노동자, 농민들이 도시로 모여들 때부터이다. 자본가들은 노동자들이 공장에서 상품을 많이 생산해 주니까 좋았고, 노동자들은 일자리가 많아져서 좋았다. 그래서 그들은 다 같이 "노동은 신성하다."라고 외쳐댔다.

한편, 공산주의자들은 싼 임금으로 고된 일을 하는 미성년 노동자들을 구실삼아 "만국의 노동자여, 단결하라!"를 외쳐댔다. 이 외침은 "노동은 신성하다."라는 외침과 마찬가지로 같은 시대의 유행어였다. 상반된 두 개의 유행어는 쌍둥이와 같은 존재였다. 이 쌍둥이는 세계를 양대 진영으로 쫙 갈라 놓아 100여 년간이나 서로 싸우게 만들었다.

그런데 20세기 후반기부터는 또 다른 현상, 즉 3D현상이 나타났다. 노동자들은 어느 정도 먹고 살 만하게 되니까 어렵고(difficult), 지저분하고(dirty), 위험한(dangerous) 일은 하기 싫어했다. 이 바람에 컴퓨터, 로봇 등 첨단 기술 문화가 급속도로 번져 나갔다.

그 당시 우리나라에서는 국한문 혼용론자들이 판을 치고 있었다. "한자도 한글과 마찬가지로 국자이다. 배우기 어렵더라도 한자를 배워야 말뜻을 똑바로 알 수 있다. 우리말에는 동음이의同音異意의 말이 많기 때문에 한글로만 쓰면 말뜻을 분간할 수 없다."라고 하면서 한자 교육을 강요했던 것이다.

나는 한때 사단법인 '한글전용국민실천회'의 회장이었다. 초대 회장은 주요한 선생이었고, 제2대 회장은 나였다. 1975년부터 10년간이나 회장직에 있었다. 그러다가 나는 1985년에 그 회의 이름을 '국어순화추진회'로 바꾸는 동시에 회장직에서 물러났다. 그랬더니 비난이 많았다. "국한문 혼용론자들에게 백기를 드는 것이 아니냐"는 등 비난이 많았다. 어떤 사람은 배신 행위라면서 시비를 걸어오는 일도 있었다.

그러나 나는 끄떡도 하지 않았다. 왜냐하면, 나는 그때 기쓰고 한글전용 운동에 매달려 있지 않아도 한글 전용은 저절로 되리라는 믿음을 갖고 있었기 때문이다.

얼마 전에 한 미국 교포 신문 기사에 현재 지구상에서 사용되고 있는 언어의 수는 8,800개 가량인데, 그중 문자를 가지고 있는 언어는 그 3분의 1 정도라는 기사가 실렸다. 그나마 그것도 영자나 한자 등 강대국 문자 세력에 밀려서 2100년경이면 그 언어의 90퍼센트가 사라질 것이라는 것이었다.

언어가 사라진다는 것은 곧 사람이 사라진다는 말이다. 언어는 사람의 생명이기 때문이다. 그래서 약소 민족들은 영어 배우기에 사력을 다하고 있다. 그러나 그게 잘 되지 않는다. 알다시피 영자처럼 불규칙하고 비과학적인 문자도 보기 드물기 때문이다. 이에 비해 독일어는 조금 낫다. 그래서인지 언어학계에는 이런 말이 나돌고 있다. "영어 공부를 하는 사람들은 웃으면서 들어갔다가 울면서 나오고, 독일어 공부를 하는 사람들은 울면서 들어갔다가 웃으면서 나온다고!"

한자는 더 말할 것도 없다. 오죽하면 중국의 유명한 작가 노신魯迅은 "우리 한자가 없어지지 않으면 중국은 망한다"고 했고, 공산주의 혁명가 모택동毛澤東은 "어려운 한자를 가지고는 무식 대중의 의식 혁명은 불가능하다"고 했을까?

폐일언하고 한자는 21세기에는 적응하기 어려운 문자이다. 영자도 마찬가지다. 한자와 영자는 국력 때문에 지금 판을 치고 있지, 배우기 쉽고, 빨리 쓸 수 있고, 안전하게 쓸 수 있는 한글이 있다는 것이 알려지게 되면 그 세력은 점점 약해질 것은 뻔하다.

벌써 반가운 소식들이 속속 들려오고 있다. 세계 여러 나라의 문자 없는 약소 민족 사회에 한글학교가 세워져 젊은이들이 한글로 연애 편지도 쓰고 의사 소통을 한다고 한다. 한자만을 쓰게 되어 있는 중국의 어느 약소 민족 사회에도 한글학교가 늘어나고 있다. 인도네시아에서 독립한 동티모르는 영어 대신 한글을 공용 문자로 쓰고 있기도 하다.

또 하나의 반가운 소식은 우리 국회의원들이 이러한 한글 세계화 추세를 타고 '한글문화 세계화 의원모임'을 결성한 것이다. 나는 이 소식을 듣고 박수를 쳤다. 그리고 나는 지난해 12월 8일 국회가 한글날 국경일 제정을 만장일치로 통과시켰다는 소식을 듣고서는 훌쩍 일어나 "하느님이 보우하사 우리나라 만세"를 불렀던 것이다.

아, 그러나 우리는 이 승전보에 취하여 놀고만 있을 것인가? 아니다, 우리는 다시 일어나 싸워야 할 것이다. 영자와 한자 세력에 밀려 자꾸 죽어가는 약소 민족들을 살리기 위하여 다시 싸움터로 나아가야 할 것이다. 한글이라는 최강의 무기(?)를 가지고 말이다. 국회의원들은 벌써 '한글문화 세계화 의원모임'을 결성하였다.

이에 발맞추어서 우리는 가칭 '한글문화 세계화 씨알 모임'을 결성하면 얼마나 좋을까? '씨올'은 백성이란 말이다. '보통 사람'이란 말이다. '한글날 국경일 제정 범국민 추진위원회'가 그랬듯이 모든 백성들이, 모든 씨올들이 힘을 합해서 싸워야 할 것이다.

이렇게 하면 '씨올 모임'은 '의원모임'과 함께 짝을 이루어 거대한 쌍두마차가 될 것이다. 이미 유네스코(UNESCO)는 우리를 위해 '세종대왕 문맹퇴치상', 즉 고속도로를 닦아 놓았으니 우리는 씽씽 달릴 수 있게 되었다. 최강의 무기(?) 한글을 싣고 말이다. 아프리카, 아시아와 중국 대륙에서 죽어가는 저 사람들을 살리기 위해 달려야 한다.

이때까지 우리는 국내에서 싸웠다. 그러나 앞으로는 국제 무대에서 싸워야 한다. '한류는 바람을 타고' 또 '한글은 쌍두마차를 타고' 저 멀리 지구촌 구석구석에까지 가서 죽어가는 사람들을 살려내야 한다. 이제부터 이것이 우리의 과제이다.

《나라사랑》111집, 2006년 3월 호
《한글새소식》, 2006년 4월 호

제3장
생사람 잡는 일이 되어서야

1. 우리 같이 청산 가자구요

우리 집에도 정원이 있다.

60평 되나마나한 정원이지만 사철 푸르르고 꽃이 핀다. 고운 잔디 위에는 평상도 있고 탁자도 있고 해서 가끔 나가 앉아서 아내와 같이 차도 마시고, 누워 있기도 한다. 우리 두 늙은이에게는 더없이 고마운 안식처이다.

그곳에는 나무도 꽤 많이 있다. 향나무 등 사철 푸른 관상식물이며, 단풍나무, 감나무 등 낙엽수며, 무궁화나무, 진달래, 개나리, 철쭉, 영산홍 장미, 모란, 작약 등 꽃들이 지는 날이 없다. 한겨울에는 눈꽃이 보석처럼 빛난다.

8월에 접어들어 꽃들이 뜸해지면 잡초 사이에서 나리꽃이 피어오른다. 마치 잡새들 사이에서 한 마리의 학님이 그 고아한 모습을 드러내듯이! 3월부터는 온갖 벌떼가 날아든다. 나비떼도 날아든다. 그중 흰나비가 제일 반갑다. 정다운 친구같다. 그러면 옛 시조가 생각난다.

나비야 청산가자, 범나비 너도가자
가다가 저물거든, 꽃에 들어 자고가자
꽃에서 푸대접하면, 잎에서나 자고가자

이 시조는 작가 미상의 시조이다. 어떤 풍류객이 아니면 어떤 호가 남아의 작품일 것이라고 한다. 그런데 그 청산은 어데 있는 것인가? 나는 이런 생각을 하면서 시흥이 떠올라 나비보고 이렇게 속삭여 본다. 우리 같이 청산 가자고!

나비야 흰 나비야
청산가다 지쳐서
내집에 들었는가
오냐, 하룻밤 편히 쉬고
우리 같이 가자구요
영원한 청산으로 말이다.

《시조문학》 2005년 겨울 호

2. 도우미 노래

해마다 봄이 되면

옛날 어릴 때 아이들과 장난치며 놀다가 부르던 동요가 생각난다.

나리 나리 개나리
입에 따다 물고요
병아리떼 종종종
봄나들이 갑니다

그리고 또 하나

리 리 리자로 끝나는 말은
개나리 미나리 보따리 항아리
유리항아리

정말 재미있고 정다운 노래이다. 작사자가 누구인지, 작곡가가 누구인지, 지금도 난 모른다. 꼭 알 필요도 없다. 다만 그들은 아주 마음씨 곱고 재미있는 사람들이겠지 하면서 빙그레 웃어볼 뿐이다.

내 주변에는 마음씨 곱고 착한 사람들이 많다. 가령 병원에 입원했을 때 꾀 쓰지 않고 나를 보살펴 주는 간병사라든지 하루 건너 집에 찾아와 내 아내를 치료해 주는 간호사라든지, 또 아침 저녁으로 찾아와서 밥해 주는 환경미화원의 아내라든지, 그들은 봉사생활을 낙으로 여기며 사람들인가 싶어 존경심이 저절로 난다. 그러면서 나는 도우미 노래를 지어보았다.

도 도 도자는 너도 나도요
우 우 우자는 우리 모두라
너도 나도 우리 모두 도우미 되자

미 미 미자는 미끈하게요
화 화 화자는 화사하게요
미끈하고 화사로운 미화원 되자

이렇게 장난을 치고 보니 가락을 붙이고 싶어졌다. 그래서 "리 리 리자로 끝나는 말은"의 곡조대로 불렀다. 그리고는 나도 작곡가가 됐네 하면서 빙그레 웃어본다.

2005년 10월

3. 생로병사와 언론

　　　　　　　　　　사람이란 제 마음대로
태어날 수도 없고, 제 마음대로 무병장수할 수도 없고, 죽음을 면할 수도
없는 존재이다. 아무리 날고뛰는 장사라 해도 이것만은 면할 수 없다.
죽은 후에 제 시체도 제 힘으로는 치울 수 없다. 나의 부모님도 그랬다.
아버님께서는 1876년 병자년 7월 21일(음) 태어나시고, 1957년 6월 17
일 82세로 돌아가셨다. 어머님께서는 1877년 정축년 12월 24일(음)에
태어나시고, 1950년 9·28수복 때 국군이 입성하는 것을 보시고 너무 기
뻐 만세를 부르시다가 9월 29일 74세로 돌아가셨다. 공산군이 아직도
서울 안에 남아있는 상황이었기 때문에 우리 형제는 어머님의 시신을
어쩔 수 없이 효창공원 한 구석에다 가장을 했다. 그 후 1953년 부산 피
난지에서 환도한 후 망우리묘지로 이장을 했으며, 그 뒤 아버님께서 돌
아가셨으므로 다시 망우리묘지의 다른 데다 부모님을 합장으로 모셨다.
　　아버님의 평생의 소원은 이북 고향땅에 묻히는 것이었다. 그러나

그 소원은 이루어질 수 없었다. 우리 형제들도 그 소원을 들어드릴 수 없었다. 사람이란 죽은 뒤에는 제 몸 하나도 마음대로 치울 수 없는 존재다. 남들이 치워줘야 한다. 그래서 자고로 유언을 남기는 사람들이 많다. 나도 자식들에게 유언을 남긴다.

첫째로 내가 죽거들랑 번거롭게 장례식을 치루지 말고 화장을 하라, 둘째로 묘지를 따로 잡느라고 애쓰지 말고 부모님 곁에 묻어 달라, 셋째로 장례식은 아주 간소하게 우리집이나 병원에서 하라, 넷째로 부모님 모신 데를 가족묘원으로 꾸며가지고 우리 후손들이 같이 모여 살자, 이렇게 유언을 남긴다. 그리고는 다음과 같이 가족묘원의 비문까지 써 놓는다.

나 오리는
아내 학님과 같이 부모님을 모시고
여기 있노라

먼저
그의 나라와 그의 의를 구하면서 살다가
나 여기 있노라

우리 후손들도 다 같이 여기 모여
있었으면 한다

고향집으로 가는 길에
잠시
나 여기 있노라

이와 같이 비문까지 써놓고 나니 여간 기쁘지 않았다. 내가 죽은 뒤 자식들이 져야할 무거운 짐을 조금이라도 덜어준 것 같아서 마음이 홀가분해지기도 했다. 그런데 또 하나의 기쁜 소식이 전해져 왔다. 출판사로부터 20여 년 전에 내었던 나의 책 『양화진 선교열전』의 개정판을 낸다는 것이었다. 그뿐 아니라 그 양화진 외인묘지 일대가 공원으로 변했고, 강변대로 밑에 통로를 만듦으로써 양화진 외인묘지도 천주교의 절두산 성지와 더불어 성지화되고 있다는 소식을 들었다. 나는 이 소식을 듣고 얼마나 기뻐했는지 모른다. 나는 벌떡 일어나 쾌재를 불렀다. 불과 20여 년 전만 해도 양화진 외인묘지는 쓰레기장이었고, 도깨비가 나온다며 무서워하던 흉터였기 때문이다.

1979년의 일이다. 몇몇 일간신문에 양화진 외인묘지가 지하철 공사를 하는 데 지장이 된다 해서 그 묘지를 파헤쳐 다른 데로 옮긴다는 기사가 실려 있었다. 나는 그 기사를 읽고 얼마나 화가 났는지 모른다. 나는 당장 주간신문 《기독공보》에 달려가서 나에게 지면을 할애해 줄 것을 요청했다. 그리하여 나는 "이 땅에 묻히리라, 양화진 외인열전"이라는 제목으로 거기 묻혀 있는 선교사들의 약전을 연재했다. 1979년 9월 29일부터 1981년 1월 18일까지 38회에 걸쳐서 연재했으며, 기독공보사의 사정 때문에 잠시 중단했다가 1982년 3월 6일부터 그 해 9월 18일까지 14회에 걸쳐서 《크리스챤신문》에 연재를 계속했다.

이것을 보고 서울시 당국은 당초의 계획을 바꾸어 그 외인묘지의 약 200평만 깎아내고 무덤은 하나도 다치지 않게 공사를 하게 되었던 것이다. 아, 얼마나 다행한 일이었던가! 이거야말로 기적이었다. 하느님의 오묘한 섭리 때문이었다. 그때 만약 서울시 당국이 그 묘지를 없앤다고 하지 않았다면 내가 신문에다 글을 연재하지 않았을 것이며, 그들이 나의 연재물을 만약 보지 않았다면 그 묘지의 가치를 몰랐을 것이며, 그 버려졌던 땅이 오늘과 같이 공원화·성지화되지 못했을 것이다.

지금 와서 회고하면, 나의 일생은 붓을 들고 싸우는 일생임을 새삼 느끼게 된다. 무슨 불의나 부정부패를 보면 나는 언제나 붓을 들고 싸웠다. 총칼 대신 붓을 가지고 싸웠음을 새삼 느낀다. 몇 가지 예를 든다면 1950년 6·25때의 일이다. 나도 그때는 국군들과 같이 일선에 나가 싸우고 싶었으나 나이도 많고 군대훈련도 받은 적이 없었기 때문에 철저히 숨어야만 했다. 그러다가 양심의 가책을 받아 2개월 동안 지붕 위와 땅굴 속을 오르내리면서 에밀 브룬너의 『정의와 사회질서』를 번역했다. 이 번역물이 책으로 나오자 반 년 만에 다 팔리기도 했다.

1954년의 일이다. 자유당 정권이 '한글 간소화 파동'을 일으켰을 때의 일이다. 나는 그때 《사상계》의 주간으로 9월 호에 "독립투쟁 사상에서 본 한글운동의 위치"라는 제목의 특집기사를 실었다. 때문에 당시 대통령 이승만 박사는 "국민의 여론이 다 그렇다면 나는 이 문제에 대하여 더 이상 말하지 않겠다."는 담화문을 발표함으로써 이 문제는 무사히 해결될 수 있었다.

또 8·15해방 이후의 일이다. 한국교회는 해방 기분에 들떠서 아무나 목사가 되게 하고, 교회가 구멍가게처럼 난립하고, 교파가 서로 싸우고 갈라졌다. 나는 이것을 보고 참지 못해 《기독교사상》에다 "한국기독사만필"이란 제목의 역사수필을 연재했다. 이때에도 나는 많은 재미를 보았다. 또한 한국의 신학자들은 외국 신학에만 의존하고, 교회 역사가들은 선교사관이나 보수 정통사관에만 매달려 있었다. 그럴 때 나는 교계 주간신문에다가 "토박이 신앙산맥"이란 제목의 글을 오랫동안 연재함으로써 많은 재미를 보았다. 이 연재문은 세 권의 단행본으로 출간되기도 했다.

그리고 또 하나, 나는 1972년과 1973년, 72회에 걸쳐서 중앙일보의 '남기고 싶은 이야기'란에다 "황성기독교청년회"와 "종로YMCA의 항일운동"이란 제목의 글을 연재함으로써 점점 잊혀져가는 나라사랑의 정신을 일깨워 주기도 했다.

이처럼 나는 무슨 불의나 부정부패를 보면 과격시위나 폭력이나 총칼 대신 붓을 들고 싸웠다. 언론을 가지고 싸웠다. 이렇게 싸워서 매번 이겼지 진 적은 없었다. 그중의 하나가 양화진 외인묘지에 관한 연재물이었다.

이것도 자랑이라고 하느냐며 비웃을 사람도 있을 것이다. 허나 이것은 나의 소신이요 신앙 간증이기에 죽기 전에 한번 말해 보는 것이다.

2005년 11월 10일, 91세 노인 전택부

4. 사람을 아낄 줄 알아야 한다

2003년은 서울YMCA의 창립 100주년이 되는 해였다. 그리고 금년은 한국YMCA 전국연맹의 창립 90주년이 되는 해이다. 이때를 기하여 나는 '인물로 본 한국 YMCA 100년, 역사에 새겨진 사람 이야기'를 쓰고 있다. 지금까지 70여 명의 약전略傳을 썼다. 약전이라 하지만 이야기식 약전이다. 나머지 20-30명의 약전은 대구·광주·전주·부산 등 지방 YMCA 인물들을 그 지방 역사가들로 하여금 쓰게 하여 100명까지 채울 작정이다.

인물을 고르다 보니 육당六堂 최남선 선생의 약전도 쓰게 됐다. 그는 친일파로 몰리는 사람이지만 그가 끼친 공헌의 대가로 주어야 할 상금은 그걸 탕감하고도 남음이 있다고 생각했기 때문이다. 또한 그는 YMCA 회장이나 이사가 된 적도 없는 사람이지만 그 이상의 공을 세운 사람이라고 생각했기 때문이다. 그는 YMCA 회가의 작사자이다. 그리고 그는 대한황성기독교청년회 약사大韓皇城基督敎靑年會 略史라는 이름의 YMCA 역사를 최초로 쓴 사람이다. 이것은 비록 소품이긴 하지만 황성皇城 두 자가 말해 주듯이 우리나라가 1897년 500년간의 중국과의 종주관계를 끊고, 완전 독립을 선언하는 동시에 국호를 대한제국大韓帝國이라 칭하고 임금이 황제皇帝 위에 올랐던 그 정신을 이어받은 한국 YMCA의 역사를 소상하게 적었던 것이다. 그리고 YMCA는 그 철통같은 일제의 지배 하에서도 굴하지 않고 3·1독립운동의 본거지 구실을 다했던 사실을 여실히 드러냈던 것이다.

그런데, 1956년 2월 어느 날이었다. 나는 당시 병상에 누워 있던 육당을 위문 차 찾아갔었다. 이야기 도중에 "아무런 예비지식 없이 선생님이 쓰신 3·1독립선언문을 읽으면 이것은 어떤 기독교사상가에 의하여 쓰인 것이라고 느껴질 정도로 기독교사상이 많이 들어있다고 느끼게 되는데, 선생님은 기독교와 무슨 관계가 있나요?" 하고 물었다. 그랬더니 그는 대뜸 하는 말이 "내게서 기독교사상을 빼면 아무것도 없지." 하는 것이었다. 그러면서 당신은 어릴 적부터 신구약성서만 아니라 외전外典까지 탐독했다는 것, 인물로서는 톨스토이의 영향을 많이 받았다는 것, 신앙인으로서는 상동교회의 전덕기全德基목사의 영향을 많이 받았다는 것, 그 교회 뒷방에는 이준李儁, 이회영李會榮, 안창호安昌浩 등 애국지사들이 자주 모였는데 당신은 거기서 물심부름을 하면서 자랐다는 것이었다. 헤이그밀사 사건도 거기서 꾸며졌는데, 종로에 있는 기독교청년회에는 고종황제의 총애를 받는 박승봉朴勝鳳, 이상재李商在 등이 있기 때문에 황제의 밀서를 받기 위하여 상동교회와 종로기독교청년회를 왔다 갔다 하며 꾸며졌다고 했다.

그리고 정의니 자유니 독립이니 하는 말들은 본래 없던 말인데 기독교가 한국에 전래되면서 생겨난 새말이라는 것이었다. 나는 이런 말이 하도 귀중하게 여겨져서 당시 한 기독교 주간신문에 그 대담 내용을 발표했던 것이다. 그리고 그 신문을 육당에게 보여 드렸더니 "어, 참 잘 했어." 하며 자못 흐뭇해하는 표정이었다.

그 뒤 또 한 번 찾아갔더니 매우 안타까운 표정으로 누워계셨다. 그는 나를 보자 "내가 한국근대사를 쓰기로 하고 USIS(United States Information Service 미국 공보원)와 계약까지 했는데, 그것만은 내가 쓰고 죽어야 할 텐데……." 하는 것이었다. 그리고 "자네도 알다시피 내가 8·15해방 후 친일파로 몰려 반민특위에까지 걸렸지. 그래도 싸지요, 일제의 녹을 받아먹은 것은 사실이니까. 그것에 대해서 나는 추호도 변명할 생각은 없어. 그러나 자네에게만 하는 말이지만 내가 만주에 가서 건국대학 교수가 된 것은 만주에 가지 않고서는 우리민족의 뿌리를 찾아낼 수가 없기 때문이었어. 그리고 조선총독부 조선사편찬위원회 위원이 된 것도 일본사람들이 우리의 귀중한 고대문헌을 더러는 태워버렸고, 더러는 그들이 갖고 있어서 그걸 보러 들어갔던 거야!" 이렇게 말하며 쓸쓸히 누워계셨던 것이다.

육당 선생은 1957년 10월 10일 작고하셨다. 작고하시기 약 1년 전인 1956년 11월에는 천주교 신부의 영세를 받고, 영결미사는 노기남盧基南 대주교의 집례로 명동성당에서 성대히 치러졌다.

다 알다시피 지난 제16대 국회에서 「반민족행위진상규명특별법」이 통과되었다. 그러나 반민족행위에 대한 범위, 성격 등 구체적인 사항에 대한 합의가 이뤄지지 못해 그 명단은 보류된 채 있는 줄로 안다. 그것은 그럴 수밖에 없는 것이, 일제말기 누구는 진짜 친일배이고 누구는 아닌지를 그 사람의 양심 속에 들어가 보지 않고서는 가려낼 수가 없기 때문이다. 겉에 나타난 사실만을 가지고 판단한다면 친일배 아닌 사람이 어디 있겠는가?

일제말기 약 10년간의 우리 국토는 마치 거대한 포로수용소와 같은 처지였다. 우리는 모두 포로와 같은 사람들이었다. 거기에 무슨 자유가 있었으며, 거기에 무슨 인권이 있었겠는가? 학교에서는 우리말 교과서와 우리말을 쓸 수 없었고, 가정에서조차 일본말을 써야 했다. 내선일체內鮮一體라는 미명아래 청년들은 학병 또는 지원병으로 끌려 나갔고, 성과 이름도 다 일본식으로 고쳐야만 했다. 그때 나는 창씨개명을 하지 않고 버티다가 나중에 집 가家자 하나를 넣어서 전가택부全家澤凫라고 했는데, 그것도 나 같은 무명인사이니까 무사했지, 만약 민족지도자였다면 배겨내지 못했을 것이다.

일제말기에 황국신민서사皇國臣民誓詞라는 것이 있었다. 이것을 외워야만 양곡이나 신발, 비누 같은 생활필수품을 배급받을 수가 있었다. 그래서 시골 할머니들도 이걸 죽어라하고 외웠다. 한번은 어느 시골 할머니가 기차를 타려고 정거장에 나갔다. 개찰구를 지키고 있던 조선인 형사가 그 할머니를 보고 황국신민서사를 외우라고 했다. 그래서 그 할머니는 "와레라와 고고꾸신민나리(우리는 황국신민이다)" 하고 나서, 중간에 "닝꾸단렌, 찌까라오야시나이(인고단련 힘을 길러)" 해야할 텐데, "찌까라오야시나이"가 생각나지 않았다. 그래서 그 할머니는 찌까다비(일본식 신발) 배급받을 생각만 하다가 그만 "찌까다비 한쪽" 하고 말았다. 그걸 듣고 그 형사는 와락 웃으면서 "에이, 모르겠다. 어서 타." 했던 것이다. 그래서 그 할머니는 무사히 통과되었는데, 이것은 실지로 있었던 실화이다. 이런 울지 못해 웃어야할 일들은 일제말기 얼마든지 있었다. 그때 민족지도자들이 억지로 끌려 다니면서 시국강연을 할 때에는 이처럼 울지 못해 웃으면서 다녔을지도 모른다.

무릇 법에는 자연법이 있고 실증법이 있다. 영원적인 양심의 법이 있고 일시적인 성문법이 있다. 만약 영원적인 양심의 법을 무시하고 일시적인 성문법만 의존한다면 그 사회는 성숙한 사회라고 할 수 없을 것이다. 그런 나라는 쉬 망하고 말 것이다. 어찌하였건 우리는 인질범을 잡으려다가 인질된 사람마저 죽여서는 안 될 것이다. 빈대를 잡으려다가 집까지 태워버려서는 안 될 것이다. 죄보다 사람이 더 중요하기 때문이다.

국회가 반민족행위 진상을 규명한다 하지만 어떻게 겉에 나타난 사실만을 가지고 할 수 있겠는가? 우리는 사람을 아낄 줄 알아야 할 것이다. 우리 국회부터가 생사람 잡는 일은 하지 말아야 할 것이다.

《성숙한 사회》, 2004년 8월 호

5. 생사람 잡는 일이 되어서야

요즘 보면, 진상 규명이란 말이 유행어처럼 나돌고 있다. 친일파 색출을 위하여 '반민족행위진상규명특별법'이 생겼고, 타살인지 사고사인지 등을 밝히기 위하여 '진상규명위원회'가 생겼다. 다 같이 필요한 일임에는 틀림없다. 행복한 미래를 위해서는 과거를 돌이켜보는 것도 중요하기 때문이다.

그러나 그것도 정도껏 해야지 맨날 과거에만 매달려 있다가 미래는 언제 개척한단 말인가? 이미 흘러간 물로써는 물레방아를 돌릴 수 없다. 그것을 고민한다고 해서 흘러간 물이 다시 돌아올 리는 만무하다. 신학자 불트만은 그의 저서 『과거와 종말론』에서 "과거를 관객의 눈으로 보지 말고 책임 있는 결단을 가지고 보라."고 말한 적도 있다.

오늘날 우리 사회에는 무책임하게 과거를 논하는 사람들이 있는가 하면, 남을 죽이기 위하여 논하는 사람들도 더러 있다. 진상을 규명한다 하지만 그게 그리 쉬운 일도 아니다.

예를 들어 지난 16대 국회는 「반민족행위진상규명특별법」을 통과시켰다. 그러나 반민족 행위의 정도와 성격 등 구체적인 문제에 대한 합의가 이루어지지 못해 그 법안은 계류 중에 있는 줄로 안다. 또한 장준하 씨의 사인 규명을 위한 '진상규명위원회'도 타살이란 확실한 증거를 찾지 못해 신문은 '또 진상 규명 불능… 영구 미제로 가나?'라는 기사를 쓰고 말았다.

그런데 일정 때의 친일파 문제는 더 가려내기 어려운 문제다. 왜냐하면 그 법안의 발의자들은 거의 70세 미만의 사람인 데다가, 겉에 나타난 기록만을 가지고 했기 때문이다. 겉에 나타난 기록만을 가지고 한다면 친일파 아닌 사람이 거의 없을 것이다. 예를 들어 나의 모교인 함흥 영생학교永生學校의 김관식金觀植 교장은 독립운동을 하던 사람이어서 일본말을 할 줄 몰랐다. 그러나 일본말을 하지 않고서는 교장 노릇을 할 수가 없었고, 학교도 폐교되기 쉬웠기 때문에 마지못해 일본말을 배웠다.

어느 해인가 천장절天長節(우리의 개천절에 해당)에, 그는 칙어봉독勅語奉讀을 해야만 했다. 칙어란 천황 폐하의 훈화다. 그러므로 높은 벽장 속에 신주처럼 모셨던 칙어를 꺼내다가 읽게 되어 있었다. 김관식 교장 선생은 조심조심 등단하여 그 칙어를 높이 들고 읽기 시작했다. "찡오 모오니(짐은 생각건대), 와가 고-소 고-소(우리의 皇祖와 皇祚)" 이렇게 말을 길게 끌어야 할 것을 "고소 고소" 했다. 그러자 학생들은 낄낄 웃었다. 왜냐하면 길게 끌지 않고 고소 고소 하면, 남을 뒤에서 흉을 보거나 흉계를 꾸민다는 뜻이 되기 때문이다. 그래서 학생들은 낄낄 웃었지만 나는 교장 선생이 불쌍해서 속으로 웃었던 것이다.

또 하나, 좌옹 윤치호尹致昊 선생은 그 당시 존경받는 민족지도자였다. 그러나 그도 역시 일본까지 끌려다니면서 시국 강연을 했다. 윤치호 선생이 온다고 하니까 수많은 한국 유학생들이 강연장에 몰려들었다. 그는 유창한 일본말로 "여러분, 외지에서 얼마나 고생합니까? 나도 젊었을 때 여기 와서 고생 많이 했지요. 그러나 우리는 실력을 양성해야 살아남을 수 있습니다." 이렇게 했을 뿐 학병 문제에 대해서는 일언반구 언급도 하지 않고 "내가 오늘 감기에 걸려서 강연은 이만 그칩니다." 하며 내려왔던 것이다.

1970년 내가 《중앙일보》에다 '남기고 싶은 이야기'에다 '종로 YMCA의 항일운동'을 연재할 때의 일이다. 한글학자 한갑수韓甲洙씨가 만나자고 하기에 만났더니, 자기도 그때 그 강연장에 있었다는 것, 유학생들이 선생에게 사인을 해 달라고 하니까 '自由' 두 자를 써 주더라는 것, 조선에 있을 때에는 탄압이 심해서 자유가 없었는데 여기 오니까 자유가 생겨 '自由' 했다는 것이었다. 나는 이 말을 듣고 울었던 것이다.

또한 당시 공화당 총재를 지낸 바 있는 정구영鄭求暎 선생을 만났더니 자기도 YMCA학관 출신이라는 것, 월남 선생 생각이 간절하다는 것, 그러나 청년들에게는 월남 선생보다 좌옹 선생의 인기가 더 좋았다는 것, 그에 대한 기대가 더 컸다는 것, 그를 친일파라 하지만 친일파라면 자기 같은 사람이 친일파지, 그는 자기처럼 일제의 녹을 받아먹은 적은 없다는 것이다. "그러나 그가 이리저리 끌려다니는 것을 보고 청년들이 얼마나 실망했는지 아우? 만약 그가 끌려다니지 않았다면 판국은 달라졌을 거요. 그래서 지도자가 된다는 것이 어려운 거요." 하면서 안타까워했던 것이다.

무릇 법에는 자연법이 있고 실정법이 있다. 영원적인 양심의 법이 있고 일시적인 성문법이 있다. 만약 법관이 영원적인 양심의 법은 무시하고 일시적인 성문법에만 의존한다면 그 법관은 올바른 법관이라 할 수 없을 것이다.

"열 길 물 속은 알아도 한 길 사람 속은 알 수 없다"고 했다. 여러 해 전에 '반민족문제연구소'는 『실록 친일파』란 책을 펴냈다. 그들은 총독부 발표문이나 당시 기사만을 가지고 썼다. 그래가지고서야 어떻게 친일파를 바로 가려낼 수 있겠는가? 정신 세계는 물질 세계와는 다르다. 정신 세계를 물질 세계 다루듯 하다가는 큰 오류를 범하기 쉽다. 국회가 '반민족행위진상규명특별법'을 통과시켜 친일파를 색출한다고 하지만, 자칫 잘못하면 생사람 잡는 일이 되기 쉽기에 하는 말이다.

장준하 씨에 대해서도 한 마디 할 말이 있다. 그는 나의 절친한 친구였다. 일본신학교 시절에는 나의 후배였고, 나는 그의 요청으로 《사상계》 초대 주간이 되었었으며, 그는 나와 같이 '복음동지회' 회원이기도 했다. 그래서 그가 모 기관원들에게 살해됐다는 소리를 듣고 나는 얼마나 분개했는지 모른다.

1975년, 장례식 때의 일이다. 나는 침통한 심정으로 그 장례식에 참석했다. 하관식이 끝난 뒤 나는 함석헌咸錫憲 선배와 같이 건너편 산비탈 널찍한 바위 위에 앉아서 매장 광경을 지켜보고 있었다. 그러다가 함석헌 선배에게 물었다. "정말 장준하는 타살된 거요?" 했다. 그랬더니 그는 "아니야, 발을 헛디뎌서 죽었어." 하는 것이었다. 이와 꼭 같은 말을 장준하 씨와 절친한 친구였던 '대학봉사회'의 총무 김봉삼金奉三 목사에게서도 들었다. 그러므로 나는 지금도 그렇게 믿는다. 그때 만약 함석헌 선배가 자기가 아는 대로 세상에 증언했다면 얼마나 좋았을까, 나는 이런 생각을 해 보기도 한다.

또 하나 하고 싶은 말이 있다. 1920년 운양雲養 김윤식金允植 선생이 죽었을 때의 일이다. 그는 당대의 애국자요 석학이요 존경받는 원로 정치가였다. 다만 그에게 하나 흠이 있다면 한일합방 후 일제로부터 자작子爵이란 작위를 받은 것뿐이다. 그러나 그것도 3·1운동 후 반납했으므로 국민들은 다행으로 생각했던 것이다. 때마침 인도의 시성 타고르도 영국 정부로부터 받았던 써어(Sir)라는 작위를 반납했다는 신문 보도를 보고, 월남 이상재 선생은 "허, 인도에도 김윤식이 있네." 하며 환영한 일도 있었다.

이처럼 운양이 작위를 반납했으므로 그를 사회장으로 모시자는 여론이 일어났다. 박영효朴泳孝 선생이 주동이 되어 준비위원회가 열렸고, 월남 선생도 거기에 참석했다. 그런데 뜻밖에도 뒷자리에 앉아 있던 과격한 청년들이 "개 같은 놈을 사회장으로 모신다니, 취소하라!" 고함을 치는 것이었다. 이 바람에 장내는 삽시간에 사색이 됐다. 그때 월남 선생은 슬그머니 일어나 자리를 뜨면서 "허, 개 같은 놈? 그래도 대접해서 하는 욕인데!" 했다. 그러니까 주최측은 화가 나서 "아니, 선생님마저 그러십니까?" 했다. 그러자 월남 선생은 허허 웃으면서 "개는 그래도 집을 잘 지키거든. 운양은 나라 지키느라 애 많이 썼거든! 개만도 못한 놈들이 개 같은 놈을 욕하니까 하는 말이오." 했다. 이 말 한 마디에 그 왈가닥 패들은 더 이상 소란을 피우지 못했던 것이다.

아, 위대한 야인 야화野話, 구수한 웃음에도 눈물이 번지던 당신, 나라 걱정을 하다 보면 월남 선생 생각이 저절로 나는구려!

언젠가 한 유명한 가수가 "사랑은 장난이 아니야, 진실이야." 이렇게 노래하는 것을 보고 나는 박수를 쳤다. 마찬가지로 역사는 장난이 아니라, 진실이다! 역사는 과학이다. 역사는 스스로 존재하는 독자적인 존재다. 거기다가 무슨 목적이나 가설을 붙여서는 안 된다. 역사는 '책임 있는 우리'의 입장에서 봐야지, '구경꾼의 입장'에서 봐서는 안 된다. 그러다가는 십상팔구 생사람 잡는 일이 되고 말 것이다.

《에세이 문학》, 2004년 가을 호

6. 자유 · 인권 무시한 민족통일은 없었다

7월 28일자 《조선일보》
'만물상'을 읽었다. 5개월만 지나면 90이 되는 늙은이가 글을 쓰다니, 주책이 아닌가 망설이다가 이 글을 쓴다.

미국 워싱턴 시내에 있는 한국전참전기념공원에는 '알지도 못하는 나라, 만나본 적도 없는 사람들을 지켜 달라는 부탁에 응한 미국의 아들딸들을 기리며' 라는 글귀가 새겨져 있어 '이 미지의 나라로 달려온 미국의 젊은이는 150여만 명, 그중 3만여 명이 사망하고 10만여 명이 다쳤으며 8,000여 명이 실종됐거나 포로가 됐다' 고 한다.

나는 지난번 미군차에 치여 죽은 우리 2명의 여중생을 위한 추모 촛불행렬과 반미시위가 머리에 떠오르면서 착잡함과 죄책감을 동시에 느끼지 않을 수 없었다.

다시는 이 땅에서 전쟁이 일어나선 안 된다. 또 같은 민족끼리 다시는 싸워서는 안 된다. 하지만 자유와 인권을 희생하면서까지 전쟁을 막을 수는 없다. '자유가 아니면 죽음을 달라.' 는 말도 있다. 이 말은 어느 한 인간의, 어느 한 정치가의 구호에 그치는 것이 아니다. 한국사람뿐 아니라 모든 인간이 싸워야할 삶의 현실이다.

미국인들은 신앙의 자유를 찾아 미 대륙으로 도망쳐 온 퓨리턴의 후손들이다. 그들은 자유와 인권을 지키기 위해 조국을 버렸고, 통일보다 독립을 택했다. 민족보다 자유가 더 소중하고, 통일보다 인권이 더 소중하다고 생각했기 때문이다.

자유와 인권이 살아있는 곳에서는 다른 민족끼리도 통일국가를 이룰 수 있다. 그 실례로 스위스 공화국을 들 수 있다. 스위스는 독일·프랑스·이탈리아 등 여러 민족으로 구성된 나라다. 알다시피 독일 민족과 프랑스 민족은 대대손손 서로 원수시하는 민족이다. 제2차 세계대전 때만 해도 치열한 전쟁을 했다. 그만큼 민족의식이 강한 나라들이다.

이 두 나라의 민족의식은 지금도 대단하다. 이 두 민족은 스위스 공화국에서 통일국가를 이루고 있지만, 독일 민족이 모여 사는 지역에서는 독일어를 쓰고 독일어 교과서로 교육을 하고, 프랑스 민족들이 모여 사는 지역에서는 프랑스어를 쓰고 프랑스어 교과서로 교육을 한다. 그들은 민족과 통일보다 자유와 인권을 더 소중하게 여기기 때문이다.

민족지상주의는 10세기의 유물이다. 이 유물을 우리는 최고의 가치인 양 팻대를 올리고 있다. "우리의 소원은 통일"은 정말 시의적절한 노래이며, 남북한이 함께 합창하기에 좋은 노래임에 틀림없다. 하지만 자유와 인권이 묵살된 채 통일이 된다면 무슨 소용이 있겠는가.

지금 우리 사회는 중병을 앓고 있다. EU를 보라. 잡다한 민족과 문화가 하나가 되어가고 있다. 유럽은 국경도 없고 비자도 없는 하나의 세계로 변하고 있다. 그런데 우리는 케케묵은 민족지상주의에 홀려서 스스로의 무덤을 파고 있지 않은가.

《조선일보》, 2003년 8월 5일

7. 민주화 투쟁, 나에게도 기회가 있었지만

기독교는 '말씀'의 종교이다. 하느님께서는 말씀으로 만물을 창조하셨다. 창세기와 요한복음에 보면 이렇게 나와 있다.

태초에 하나님이 천지를 창조하시니라(창 1:1).
태초에 말씀이 계시니라… 이 말씀은 곧 하나님이시니라(요 1:1).

이 하느님이 말씀을 글자로 기록한 책이 성서이다. 만약 인간에게 글자가 없었다면 어떻게 하느님의 말씀을 들을 수 있었겠는가?

나는 역사를 전공한 역사학자도 아니다. 하지만 나는 한국 기독교 청년회 운동사를 비롯하여 한국 교회 발전사, 한국 에큐메니칼 운동사를 썼다. 월남月南 이상재의 삶과 한마음 정신, 인간 신흥우 등의 전기도 썼다. 『토박이 신앙산맥』이라는 역사 수필도 세 권이나 써냈다. 그러다 보니 나의 역사관은 토박이 신앙사관이라는 것을 자각하게 되었다. 토박이 신앙사관은 이른바 토착화사관과 같은 것 같지만 다르다. 선교사관과 식민지사관과도 다르며, 이른바 민족교회사관도 물론 아니다. 토박이 신앙사관은 나 혼자만의 사관이다.

　내 주변에는 복음동지회를 중심으로 학자와 교수들이 많다. 지동식, 박대선, 김정준, 윤성범, 전경연, 박창환, 류동식, 김철손, 조선출, 장하구 등이 다 나의 절친한 친구들이다. 또한 문익환, 문동환, 서남동, 장준하, 안병무, 김관석, 김찬국 등 반독재·민주화 운동에 투신했던 학자들과 교수들도 모두 절친한 나의 친구들이며, 다 같이 복음동지회 회원들이다.

　그중에도 문익환과 나는 죽마고우이다. 그는 내가 17-18세 때 공산주의 물이 들어 지하 독서운동을 하다가 콩밥을 먹고 퇴학을 당한 뒤, 회개하고 다시 기독교 신자가 되어 살길을 찾아 저 멀리 북간도 용정시 은진학교에 입학했을 때에 만난 친구이다. 일본 신학교 시절에는 한 반 친구이기도 했다. 그러나 그가 민주화 운동을 너무 과격하게 할 때는 마음에 들지 않았다. 더욱이 그가 학생들에게 분신자살을 부추길 때는 '목사 신분으로 어떻게 저럴 수가 있나! 자살도 타살과 마찬가지로 살인 행위인데…….' 하며 안타까움을 금할 길 없었다.

　그가 두 번째로 수감되었다가 풀려나왔을 때의 일이다. 나는 너무 반가워서 단박에 그의 수유리 자택으로 달려갔다. 문을 열어주기에 방으로 들어갔더니 그의 어머님과 부인이 함께 모여 재회의 기쁨을 나누고 있었다. 잠시 후 그들이 자리를 피해 주기에 우리 둘만이 남아서 정담을 나누었다. 그러다가 그는 내게 하소연이나 하듯이 나지막한 목소리로 "전형, 난 전형이 부러워요." 하지 않는가! 나는 깜짝 놀라 "뭐가 부럽단 말이오?" 라고 물었다. 그랬더니 "고요히 집에 들어 앉아 글만 쓰고 있는 것이 부럽소." 하는 것이었다. 그 순간 나는 그가 이제 제정신을 차리는구나 싶어 이렇게 말했다. "정말 그렇게 생각한다면 민주화 운동을 다른 사람에게 맡기고, 문형이 아니면 할 수 없는 일이 많지 않소! 그 일을 하라고요." 라고 했다. 그랬더니 그는 나의 무릎을 탁 치면서 "바로 그거야! 이젠 나도 집에 들어앉아 그 일만 할 거야. 결심했어!" 라고 나에게 철석같이 고백했던 것이다.

허나 그리고 나서 약 일주일이 지났을까. 신문과 방송을 보니 그는 예전과 다름없이 민주화 전선에서 뛰고 있었다. 그걸 보고 나는 마음 속으로, "허, 애석하다. 문익환은 이제 자유인이 못 되는구나! 민중에게 끌려다니는 불쌍한 신세가 되었구나!" 하며 그를 아까워했던 일이 있다.

또한 장준하도 나의 절친한 친구요, 일본 신학교 시절에는 나의 후배요, 나는 그의 요청으로 《사상계》의 주간을 맡아보기도 했다. 또한 그도 역시 복음동지회 회원이었다. 한국 민주화 운동에 있어서 그가 보여준 용기와 업적은 우리 모두에게 존경의 대상이었다.

문익환과 장준하는 한국 민주화 운동사에 있어서는 불후의 거목과 같은 존재들이다. 물론 살아 생전 그들은 내가 그네들과 같이 뛰지 않는 데 대하여 불만이 많았다. 그리하여 그네들의 동지이자 나와도 친분이 있는 계훈제 같은 사람은 나에게 "전 총무님이 우리와 함께 일할 수 있다면 얼마나 좋겠습니까?" 하면서 나의 동참을 간청하기도 했다. 그러나 나는 그네들의 간청을 받아들일 수가 없었다. 어느 누가 나더러 비겁한 방관자, 소인배라고 비방할지라도 나는 시종일관 침묵으로 혼자 있을 수가 있었다. 내가 흔들릴 때마다 예수 그리스도의 모습, 즉 그리스도의 구세주 상이 나타나 주셨기 때문이다.

… 그는 이방인들에게 정의를 선포하리라. 그는 다투지도 않고, 큰 소리도 내지 않으리니 거리에서 그의 소리를 들을 자 없으리라. 그는 상한 갈대도 꺾지 않고, 꺼져가는 심지도 끄지 않으리라. 드디어 그는 정의를 승리로 이끌어가리니 이방인들이 그 이름에 희망을 걸리라(마 12:18-21, 공동번역 성서).

나는 15세 때부터 예수님의 말씀 "너희는 먼저 그의 나라와 그의 의를 구하라"(마 6:33)를 좌우명으로 삼고 살아왔다. 그리하여 '그의 나라'를 위해서는 YMCA 운동을 해 왔고, '이 나라'를 위해서는 한글운동을 펼쳤다. 이것이 내가 평생 걸어온 두 개의 주 노선이다. 나는 6·25 때 에밀 브룬너(Emil Brunner, 1889-1966)의 『정의와 사회질서』를 번역했던 기세로 YMCA 운동에 뛰어들었다. 일제 강점기 때는 미나미南 총독의 우리말 우리글 말살 행위에 격분하여 한글운동에 뛰어들었다. 둘 다 정의 구현을 위한 투쟁이었다. 둘 다 인간의 자유와 인권수호를 위한 민주화 운동이었다.

《우리 길벗》, 2005년 3월 호

8. 그때 나는 문제아였다
— 광복 60주년 기념 '나의 1945년'

1945년 8·15 전후

약 10년간의 나는 일종의 문제아였다. 나는 4형제 중 막내로, 비교적 부유한 농촌의 가정에서 태어났다. 열다섯 살 때 함흥 영생고보(당시는 5년제 고등학교가 중등교육까지 했다)에 입학했다. 1학년 때 광주학생사건에 가담했고, 3학년 때엔 공산주의 물이 들어 지하운동을 하다가 잡혀가 콩밥을 먹고 퇴학을 당했다. 때문에 나는 부모님을 몹시 괴롭혔다. 그때부터 나는 문제아가 됐다. 내 위의 형들 셋도 다 퇴학을 당했는데 나까지 퇴학을 당했으니! 아버님은 실망 끝에 식음을 전폐하고 피를 토하시면서 통곡을 했다.

그 뒤 나는 살길을 찾아 북간도로 도망쳐 갔다. 국내에서는 나를 받아줄 학교가 없었기 때문에 북간도 용정 은진학교에 들어갔다. 거기서 예수도 잘 믿고, 공부도 잘 했다. 그래서 나는 다시 영생고보에 복교할 수가 있었다. 그러느라 5년이면 졸업할 수 있는 고등학교를 8년 만에 졸업을 했다.

　1937년에 나는 신학 공부를 위해 일본 유학을 떠났다. 그때 나는 조선어학회(현 한글학회) 기관지 《한글》을 창간호부터 몇십 권을 꾸려 가지고 갔다. 이 때문에 나는 또다시 불효를 했다. 기독교 신자가 아닌 부모님으로서는 도저히 나를 이해하기가 어려웠기 때문이다. 1938년 일본 신학교 예과 2학년 때 일제가 조선어교육을 폐지하고 창씨개명을 강요하였으며, 한국학생들을 학병으로 끌어갔다. 이때 나는 화가 나서 미나미南총독 그자를 죽이고 나도 죽자 하며 미쳐 다니기도 했다. 나는 창씨개명도 하지 않았다. 마지못해 나중에 가家자 하나를 붙여서 전가택부全家澤鳧라고 했더니, 일본인 교수가 "전가全家를 일본 말로 어떻게 부르지? 야, 그놈 별나네! 에이, 귀찮어. 젠따꾸후(전택부의 일본어 발음) 그대로 해." 했다.

　나는 본과 1학년 때 학교를 중퇴했다. 화병으로 폐인이 되다시피 했을 뿐만 아니라 "내가 왜 왜놈들에게 학병으로 끌려가?" 하며 중퇴하고 말았던 것이다. 내 후배였던 장준하 군은 학병으로 끌려갔다가 광복군에 가담하여 큰 일을 해냈지만, 나는 철저히 반항하면서 살다가 8·15를 맞았던 것이다.

　8·15 직전에는 사하린 탄광에 징용장을 받았다. 그러나 신체검사에서 떨어졌기 때문에 화를 면했다. 그대신 나는 원산元山 북항 축항공사장에 '결사봉사대'로 끌려갔다. 거기서 산을 허물고 손수레로 돌을 날랐다. 8·15 약 일주일 전부터 미공군기 B29가 원산 상공을 유유히

날아다니고, 원산 앞바다에 물기둥이 솟아오르더니, 공사판 감독이 "다 집으로 돌아가도 좋다." 하는 것이었다.

집에 돌아와 라디오를 틀었더니 일본 천황의 떨리는 목소리가 들려왔다. 일본 항복 선언문을 낭독하는 중이었다. 그걸 들었을 때, 솔직히 말해서 나는 어리둥절했다. 나는 누구보다도 일본의 패망을 확신했고 그것을 열망했던 사람이지만, 막상 패망 선언을 들었을 때에는 어리둥절했다. 당시 한국인 대부분은 일본이 그렇게 쉽게 망할 줄은 몰랐던 것이다. 일본의 패망을 원치 않는 사람들도 많았던 것이 사실이다. 그런데도 역사가들은 "일본 천황의 패망 선언을 듣자 우리 민족은 모두 밖에 뛰어나가 만세를 불렀다."고 했는데, 이것은 새빨간 거짓말이다.

해방이 되자 우리 군내에서는 치안유지위원회가 생겼다. 혼란도 막고, 학교도 열어야 하겠기에 생긴 곳인데, 여기에서 나에게 초·중등학교 교사들에게 한글을 가르쳐 달라는 요청이 왔다. 나는 이에 즉각 응했다. 교사들을 50명씩 묶어서 일주일씩 여러 곳을 옮겨다니면서 한글 강습을 하게 했다. '가갸거겨구규……' 식이 아니라 'ㄱㄴㄷㄹ…… ㅏ ㅓㅗㅜ' 식으로 가르쳤다. 또 애국가도 가르쳤다. 모두가 처음 듣는 것이었으므로 내 인기가 대단했다. 마치 내가 무슨 개선장군이나 된 것처럼!

그러나 내 멋대로 하면 안 된다 싶어 서울 조선어학회를 찾아갔다. 새로 만든 무슨 교재가 있는가 했지만 학회가 어디에 있는지 알 수도 없고, 거리는 온통 들뜬 민중 때문에 혼란상태에 빠져 있었다. 이에 나는 실망을 하고 서울을 떠나 우선 원산 형님 댁에 들렀다. 그랬더니 형님이 "너 집에 가선 안 된다. 소련군이 너를 잡으러 왔다가 없으니까 네 친구들을 잡아다가 너의 행방을 찾고 있다."는 것이었다. 한동안 잠잠했던 공산분자들이 본색을 드러내면서 나를 반동분자로 고발했기 때문이다.

그래서 나는 집에 들어가지도 못하고, 감쪽같이 함흥에 가서 두 달 전에 첫 아기를 낳은 아내를 만나 작별인사를 하고 나 혼자서 월남을 하고 말았던 것이다. 1945년 10월 말경이었다. 지금 와서 회고해 보면, 나는 부모님에게는 평생 불효자였고, 또 문제아였다. 아내에게도 그랬고, 선생에게도 그랬다. 동료 학우들에게는 별자였다. 더욱이 공산주의자들에게는 반동분자였고, 일제에게는 문제인물이었다. 그래도 90이 되도록 살아온 것이 기적만 같다.

《책과 인생》, 2005년 1월 호

9. 아산이 아니면 나는 벌써 죽었을 것을

나는 어려서부터

많이 앓았다. 코가 나빠 수술을 세 번이나 했고, 폐병에 걸려 병원에 입원 치료를 받느라고 1년간 학교에 가지 못했다. 일본 유학 때는 결핵성 치질에 걸려 세 번이나 수술을 받았다. 그때 나는 약탕관을 일본까지 들고 다니면서 약을 달여 먹었다. 또 금강산에 들어가서 두 달간 요양을 하기도 했다.

내가 아산병원 신세를 지기 시작한 것은 아마 10여 년 전부터인가 싶다. 친구 부인의 장례식날 장지까지 따라갔다가 독감에 걸린 것이 계기가 되었다. 1993년 5월 11일, 나는 아산병원에 입원하여 김원동 의사의 치료를 받기 시작했다. 아무리 치료를 받아도 나아지지 않으므로 나는 중환자실로 옮겨졌다. 그런데도 차도가 있지 않아서 폐의 일부를 떼내어 보려고도 했다.

그러나 나의 아내는 내 몸에 칼 대는 것을 극구 반대했고, 담당 의

사도 조금 두고 보자 해서 수술을 하지 않았던 것이다. 천만다행으로 그 뒤 병세는 조금씩 호전되어, 중환자실에 내려간 지 10일 만에 일반병실로 옮겨졌으며, 거기서 더 치료를 받다가 입원한 지 52일 만에 퇴원을 했다. 그때 나는 살아나지 못할 줄만 알았는데, 내가 죽지 않은 것은 첫째로 내 아내 학님의 극진한 사랑 때문이요, 또한 담당의사 김원동 교수의 정성 때문이었다.

1998년 4월 2일이었다. 아침에 잠에서 깼는데, 오줌이 통 나오지 않았다. 너무 아파서 아산병원 응급실에 달려갔다. 입원한 지 6일 만에 전립선 수술을 받았고 11일 만에 퇴원을 할 수 있었다. 그때 수술이 잘 되어 지금까지 오줌이 시원스럽게 잘 나오고 있다. 더 놀라운 것은 해마다 봄·가을이 되면 요통이 심해서 꼼짝 못하고 누워 있어야 했는데 수술을 받고 난 뒤부터는 그게 싹 없어졌다. 나는 하도 신기해서 수술을 해 준 김청수 박사님께 말했더니 "요통과 전립선 수술은 아무런 상관이 없는데요." 하면서 빙그레 웃기만 했다.

2001년 8월 20일인가 싶다. 나는 SBS의 "손숙·배기환의 아름다운 소리"에 출연한 적이 있다. 그 프로그램에서는 출연자가 마음대로 어떤 사람에게 편지를 쓰게 되어 있었다. 나는 당시 김대중 대통령에게 편지를 썼다. 그때나 지금이나 나는 '한글날 국경일 제정 범국민추진위원회'의 위원장인데, 나는 한글날을 마땅히 국경일로 제정해야 한다는 내용의 편지를 썼던 것이다. 편지를 쓰기는 내가 썼지만 낭독은 손숙 여사가 했다. 며칠 뒤 청와대 담당비서관에게서 전화가 걸려왔다. 대통령께서 방송을 들으시고 나에게 잘해 주라는 지시를 내렸다는 것이다.

나는 이 전화를 받고 얼마나 기뻤는지 모른다. 나는 단박 두 사람의 동지를 데리고 청와대로 그 비서관을 찾아갔다. 2001년 8월 25일 오전 10시, 약 30분 동안 이야기를 하던 중 왼쪽 팔다리에 마비 현상이 왔다. 그래서 나는 비서관에게 업혀 겨우 2층에서 내려와 아산병원 응급실로 옮겨졌다.

검진 결과 두개골 속의 핏줄 하나가 터졌다는 것이었다. 그때 나는 일어나 앉을 수도 없었기 때문에 똥오줌도 받아내야만 했다. 당시 심장내과 담당의사 박종훈 박사는 내가 신경과 병실에 입원 치료 중인 것을 어떻게 알았던지 내 병실로 가끔 찾아와 기도도 해 주고 걱정 말라고 위로도 해 주었다. 그때의 일을 나는 평생 잊을 수가 없을 것이다.

나는 젊었을 적부터 맥박이 고르지 않아 병원을 자주 찾았었다. 한때는 방지거병원에 입원하여 치료를 받기도 했고, 서울아산병원이 서울중앙병원이었을 당시에는 이종구 박사의 치료를 받기도 했었다. 그이가 떠난 뒤부터 박종훈 박사가 나의 담당의사가 되었고, 그때부터 지금까지 나는 박종훈 박사의 신세를 지고 있다.

또 한 가지 잊을 수 없는 일은 나의 아내 학님과 관계된 일이다. 학님이 갑자기 배가 아파서 아산병원에 입원했다. 2004년 3월 25일 소화기내과에 입원했던 것이다. 박종훈 박사는 내 아내가 입원한 줄을 어떻게 아셨는지 모르나 병실에 가끔 찾아와 내 아내를 위해 기도도 해 주시고 위로도 해 주셨다. 내 아내의 병은 워낙 중병이어서 몇 달 살지 못하겠구나 체념하고 있을 때인데 그렇게 가끔 찾아와서 위로해 주시니 우리 가족들은 얼마나 고마웠던지 모른다. 그 어른은 우리의 생명의 은인이다. 또한 김성우 박사도 생명의 은인이다. 그는 그때부터 지금까지 내 아내를 치료해 주고 있다.

그런데 그 뒤 나는 또 코가 아파서 인근 병원에 가서 검진한 결과 옛날 코 수술했던 자리에 물집에 생겼다고 하기에 나는 또다시 아산병원에 찾아가서 담당의사 이봉재 박사의 수술을 받게 되었다. 이 박사는 나를 보자마자 "어디서 많이 뵌 듯한데, 작가 아니세요?" 하는 것이었다. 그이는 나를 자기의 친구처럼 대해주시기에 나도 허물없이 대답을 했다. "아마 TV에서 더러 보셨겠지요! 문학 작가는 아니지만 나도 작가임에는 틀림없지요. 새끼들을 다섯 마리나 만들었으니까 작가 아니에요?" 하고 대답한 것이다. 며칠 후 나는 그이의 집도로 코 수술을 받고 그날 바로 퇴원하게 되었다.

내가 아산병원에서 물리치료와 작업치료를 받을 때의 일이다. 치료사에게서 들은 얘긴데, 현대그룹의 왕회장인 고故 정주영 회장님도 나와 꼭 같은 병으로 7년간이나 물리치료를 받았다는 것이었다. 물리치료를 자기 집에서도 받은 것은 물론 1,000마리 소떼를 끌고 북한으로 갈 때에도 치료사를 데리고 다니면서 받았다는 것이었다.

그렇게 치료를 받았지만 아산은 나보다 먼저 죽었다. 아산과 나와는 동갑내기이다. 고향도 거의 같다. 가까운 친구 사이는 아니지만 서로 잘 아는 사이다. 그런데 아산은 나보다 먼저 죽고, 나는 그가 만든 병원에서 치료를 받고 지금까지 살아 있다. 아, 나는 그에게 고맙다고 해야 할 지 아니면 미안하다고 해야할 지, 숙연한 마음을 금할 길이 없다. 아산병원 동관 로비에 안치된 그의 동상 앞을 지날 때면, 목례라도 해야 마음이 편해지는구려!

물리치료를 받을 때의 일이다. 물리치료 현장은 정말 가관이었다. 한쪽에서는 환자들이 걸음마 연습을 하고, 다른 한쪽에서는 긴 침상 위에 앉아서 엉덩방아를 찧고 있고, 또 한쪽에서는 벽을 향해 앉아서 벽에 붙은 맷돌 같은 것을 자꾸 돌리고 있고……. 모두가 무슨 돈벌이나 하는 것처럼 똑같은 일을 열심히 반복하고 있었다. 나도 그런 짓을 해야만 했다. 그 환자들에게서는 웃음을 찾아볼 수가 없었다. 모두가 울상을 하고 있었다. 그게 너무 측은하게 여겨져서 나는 가끔 농담을 했다.

하루는 옛날 실지로 있었던 얘기를 하나 해 주었다. 나의 아버님에게서 들은 얘긴데, 하루는 어느 대갓집 새댁이 유명한 한의원을 찾아갔다. 옛날에는 여성들이 아무리 아파도 혼자서 의사를 찾아갈 수 없었고, 진맥을 받을 수도 없었는데, 새댁이 혼자서 한의원을 찾아왔으니 그 의원은 깜짝 놀라지 않을 수가 없었다.

그 새댁은 아주 조심스럽게 의원 앞으로 다가갔다. 그녀는 너무 긴장했던 탓인지 그만 '뽀옹' 하고 실수를 했다. 그 의원은 그 소리를 들었지만 못 들은 척 하기 위하여 얼른 말을 꺼냈다. 그러나 "이 병이 언제부터 났소?" 하는 것을 방귀 생각만 하다가 그만 "이 방귀가 언제부터 났소?" 하고 말았다. 이 바람에 그 새댁은 진맥도 받지 않고 그냥 달아나 버리고 말았던 것이다.

이런 얘기를 했더니 모두가 깔깔 웃었다. 치료사들도 웃고 보호자들도 같이 웃었다. 치료를 받고 있던 환자들도 같이 웃었다. 그러나 환자들의 웃음은 그게 웃는 건지 아니면 우는 건지 도무지 분간하기 어려웠다.

웃음에는 여러 가지 종류가 있다. 깔깔웃음, 껄껄웃음, 너털웃음, 함박웃음, 눈웃음, 코웃음, 쓴웃음, 비웃음, 하하허허웃음 등 여러 가지 종류의 웃음이 있다. 한자말로는 폭소, 냉소, 고소, 비소 등이 있는데, 그 환자들의 웃음은 그중 어느 하나에도 속하지 않는 이상야릇한 웃음이었다.

2001년 9월 22일 퇴원하기 며칠 전의 일이다. 병이 많이 나아져서 화장실에도 내 발로 다니게 되었고, 마음에는 생기도 돌았다. 퇴원을 해도 좋겠다는 의사의 말을 듣고 나는 여간 기쁘지 않았다. 그러나 나는 퇴원을 해도 완전한 인간은 못 되겠지, 걸어다녀도 각설이처럼 팔다리를 흔들거리며 다녀야 하겠지 이런 생각을 하면서 노래 하나를 지어봤다.

"작년에 왔던 각설이 죽지도 않고 또 왔네."로 시작하여, "북만산으로 간다더니 병원 신세가 웬 말이오. 세상만사가 하수상하니 쉬었다가라 그 말인가 … 이보오 벗님네야 이 내 말씀 들어보소. 제발 한 번 들어보소. 나는 죽어도 한이 없으니 한글날을 살려 주소, 한글날을 살려 주소 … 죽거나 살거나 내 팔자 내 팔자가 상팔자라, 죽거나 살거나 내 팔자 각설이 신세가 내 팔자 … 에라 만수 에라 대신이야."

대강 이런 내용의 노래를 지어봤다. 그리고 팔다리를 흔들거리면서 각설이 타령을 불렀다. 그리고는 픽 웃었다. 지금도 나는 이 각설이 타령을 가끔 부르곤 한다.

나는 아침마다 내 아내 학님과 같이 밥상 앞에 마주 앉아서 감사 기도를 드린다.

지난 밤에 보호하사
잠 잘 자게 했으니
고마우신 주의 은총
감사 찬송합니다(찬송가 66장 1절).

성령님께 비옵나니
오늘 우리 생활을
맡아 주관하여 주사
온전하게 하소서(4절).

이렇게 부르고 나서는 내 멋대로 가사를 만들어 가지고 이 찬송가 곡조에 맞춰 아내를 위해 기도한다.

'학님 병환 쾌유토록 맡아 주관하여 주소서.' 라고…….

아, 새해가 되면 내 아내 학님은 84세가 되고 나는 92세가 된다. 아, 어쩌다가 우리 내외가 이처럼 오래 살게 되었는가! 이게 다 하느님의 은혜로 된 것 아닌가. 그러나 아산의 신세도 많다. 아산이 아니면 벌써 죽었을 것을!

2005년 10월

10. 버려진 돌

성경에 보면
"건축자들의 버린 돌이 모퉁이의 머릿돌이 되었느니라"(눅 20:17)라는 말씀이 있다. 이 말씀이 요즘 와서 나에게는 자꾸 실감나게 들려온다.

지난 9월 중순이었다. 한 출판사로부터 전화가 걸려왔다. 20여 년 전에 냈던 나의 책 『이 땅에 묻히리라, 양화진 외인열전』을 개정판으로 다시 내고자 하니 허락해 달라는 것이었다. 그러면서 하는 말이 20-30년 전 그 책을 낼 때만 해도 그 외인묘지 일대는 쓰레기장 같았는데 지금은 거기가 공원화되고 성지화 되어서 주말이 되면 관광객들이 2,000여 명씩 찾아든다는 것이었다. 나는 이 말을 듣고 쾌재를 부르면서 당장 '개정판을 내면서' 와 '머리말' 을 새로 써 보냈다. 그래서 이 책은 『양화진 선교사 열전』이란 새 이름으로 다시 나왔다.

또 하루는 한 신학박사로부터 전화가 걸려왔다. 나의 논문 「한글의 성서적 의미」를 단행본으로 내겠으니 허락해 달라는 것이었다. 이 논문은 버려진 돌과 같은 존재였다. 왜냐하면 그것은 신학전문잡지《기독교사상》에 기고했다가 퇴짜를 맞았었던 논문이기 때문이다. 이 논문은 지난 10월 단행본으로 나왔다. 뿐만 아니라 월간지《숲과 나무》10월 호와 11월 호에 두 번에 걸쳐 나오게 되었으며, 그 뒷면에는 '오리 전택부 선생의 한글 사랑의 결정체! 한글에다 성서적 의미를 부여한 전택부 선생의 본 논문을 접하는 것만으로도 한국사회와 한국교회는 갚을 길 없는 큰 선물을 받았다' 는 내용의 책 광고까지 크게 내 주었던 것이다.

또 하루는 한 교파 지도자와 목사가 거의 50년 전에 국한문 혼용으로 썼던 나의 책『正義와 自由』를 순 한글로 고쳐가지고 와서 새로 내자는 것이었다. 이 책은 거의 20번이나 재판이 나올 정도로 많이 팔렸던 책이다. 그럼에도 불구하고 절판이 되어 나는 거의 잊어버리고 있었는데, 그와 같이 다시 내자고 하니 놀라지 않을 수가 없었다. 그리하여 이 책은 내년 초에 내기로 하고 지금 한 출판사가 작업을 서두르고 있다.

어느 날은 미국 하와이에 사는 한 재미학자로부터 전화가 걸려 왔다. 그는 세계적인 학자이다.『한국의 근대화, 기적의 과정』이란 책의 저자이며, 지난 10월에는 박정희 대통령 기념사업회의 초청으로 "역사의 리듬과 박정희의 한국 근대화" 란 주제로 특강을 한 일도 있는데 그에게서 연락이 온 것이다.

그는 말하기를, 이 책 때문에 자기가 한국경제인연합회로부터 상금을 받았으며, 앞으로 재판을 낼 때에 나의 글 "박정희 전 대통령과 스코필드(Schofield) 박사"를 그 책의 부록으로 넣고자 하니 허락해 달라는 것이었다. 나는 이 말을 듣고 또 한 번 쾌재를 불렀다. 왜냐하면 이 글을 YMCA 기관지에 기고했다가 편집위원회에서 박정희 대통령은 독재자라는 이유로 퇴자를 맞은 적이 있기 때문이다.

또 하루는 '한글날 국경일제정 범국민 추진위원회' 사무총장 이대로 님에게서 전화가 걸려왔다. 기다리고 기다리던 한글날 국경일에 관한 법률안이 국회 본회의에서 통과되었다는 소식이었다. 아, 한글날이 국경일에서 제외된 지 15년 만이다. 내가 위원장을 맡은 후로는 6년 만이다. 그동안 우리가 얼마나 애를 태웠는가, 나는 그 때문에 병이 나서 각설이 신세가 되기도 했는데!

위 여러 가지 사건들은 모두 다 지난 한두 달 사이에 일어난 일들이다. 큰 복들이 한꺼번에 쏟아져 내렸던 것이다. 나는 감개무량하여 가만히 앉아 있다가 창밖을 내다보았다. 세상이 온통 변한 것만 같았다. 지난 봄, 여름, 가을 동안 무성한 나뭇잎에 가리어서 보이지 않던 정원석들이 낙엽이 지니까 유난히도 돋보인다. 이 정원석들은 30-40년 전 이 집에 이사와서 정원을 꾸밀 때 주변에서 주워온 돌들이다. 돈 주고 사온 돌은 하나도 없다. 모두가 주변에 버려져 있던 막돌들이다.

그중에는 남한산성 및 옛 백제의 고도 광주 땅에 놀러갔다가 한 고분 앞 개굴창에 쳐박혀 있던 동자상도 있고, 아차산 및 야산에 버려져 있던, 모가지가 부러지고 대가리만 남은 망부석도 있다. 이런 막돌들을 가지고 나는 정원을 꾸몄던 것이다.

이런 막돌들이 오늘에는 마치 싯누런 노다지처럼 새로운 모습으로 내 앞에 다가온다. 아, 이게 웬 복인가? 나는 한참 우두커니 앉아 있다가 일어서서 애국가를 불렀다.

"… 하느님이 보우하사 우리나라 만세……."

그리고 찬송가를 불렀다.

"내 눈을 들어 두루 살피니 산악이라 날 돕는 구원 어디서 오나 그 어디서 하늘과 땅을 지은 여호와 날 도와주심 확실하도다"(찬송가 73장)

이렇게 부르고 나는 두 손 모아 하늘을 우러러 하느님께 감사의 기도를 했다.

2005년 12월 12일

11. 씨와 ᄋᆞᆯ, 그리고 씨ᄋᆞᆯ

일정 때 조선어학회 학자들은 한글맞춤법 통일안을 만들고 한글큰사전을 꾸밀 때 훈민정음 28자 중 ㆁ, ㆆ, ㅿ, ㆍ 등 넉 자는 빼버렸다. 그러나 역易사상가이며 언어학자인 다석多夕 유영모 선생은 'ㆍ' 자가 아까워서 씨ᄋᆞᆯ이란 말을 즐겨 썼다. 때문에 그의 제자 박영호 님은 『씨ᄋᆞᆯ 다석 유영모의 생애와 사상』이라는 전기를 내었고, 또 다른 그의 제자 함석헌 님은 《씨ᄋᆞᆯ의 소리》라는 이름의 잡지를 내기도 했다. 나도 마찬가지다. 씨ᄋᆞᆯ을 무척 좋아한다. 씨ᄋᆞᆯ에게는 소리만 아니라 무서운 힘도 있다고 믿기 때문이다. 그래서 내가 지금 이 글을 쓰게 된 것이다.

우선 '씨' 부터 생각해 보자. '씨' 는 동식물 번식의 근원을 의미할 때 제일 많이 쓰인다. 씨는 씨 하나만으로도 말이 되지만 씨가 다른 명사와 붙어서 되는 말도 많다.

가령 예를 들어, 씨눈 · 씨닭 · 씨돼지 · 씨벼 · 씨받이 · 씨입 · 씨

울머리 등은 씨란 말이 다른 말의 앞에 붙어서 된 말들이다. 씨란 말이 다른 말의 뒤에 붙어서 되는 말도 많다. 가령 예를 들어 감자씨·겨자씨·말씨·마음씨·글씨·꽃씨·볍씨·박씨·호박씨·솔씨·불씨 등이 그것이다.

다음은 '알'을 생각해 보자. '알'도 마찬가지로 동식물 번식의 근원을 의미할 때 제일 많이 쓰인다. 그리고 알 하나만으로도 말이 되지만 다른 명사와 붙어서 되는 말도 많다.

가령 예를 들어, 알통·알몸·알자·알곡·알돌·알밤·알받이·알부자·알뿌리·알섬·알콩 등이 다 그런 것들이다.

알이 다른 명사 뒤에 붙어서 되는 말도 많다. 콩알·새알·닭알·불알·공알·씨알 등이 다 그런 것들이다.

그중 씨알은 조금 다르다. 서로 다른 두 개의 말이 붙어서 하나가 된 말이다. 이자동의어異字同義語다. 씨는 수컷의 알이고 알은 암컷의 씨다. 그러므로 씨알은 암컷과 수컷이 붙어서 태어난 아기와 같은 존재다. 이는 마치 한 남자와 한 여자가 만나 결혼하여 하나가 되는 이치와 흡사하다.

무릇 암수가 붙으면 생명이 태어나는 법이다. 그러므로 씨알은 생명이다. 생명은 곧 빛이다. 힘이요 부활이다.

솔씨는 아주 미미한 존재다. 혹 불기만 해도 날아가 버리는 미미한 존재다. 그러나 바람에 날려 봉래산 제일봉 어느 바위틈에 떨어지면 백설이 만건곤할 때 독야청청 낙락장송이 된다.

겨자씨도 그렇다. 마음씨도 그렇다. 그래서 예수님은 "너희가 만일 믿음이 한 겨자씨만큼만 있으면 이 산을 명하여 여기서 저기로 옮기라 하여도 옮길 것이요"(마 17:20) 했다. 믿음은 마음씨와 형제간이다.

불씨도 겨자씨처럼 미미한 존재다. 하지만 일단 바람을 타게 되면 삽시간에 온 천하를 잿더미로 만든다.

알도 마찬가지다. 미미한 존재이지만 엄청난 힘과 생명력을 가지고 있다. 예를 들어 메뚜기알이 부화되면 곡식밭을 황무지로 만들고, 철새알이 부화되면 오대양 육대주를 종횡무진 휘몰아친다.

그런데 최초의 인간 아담과 이브는 본디 알몸으로 태어나 알몸으로 살았다. 그러나 먹지 말라는 선악과를 따 먹은 뒤부터는 불알과 공알을 나뭇잎으로 가렸다. 부끄러워서 그랬는지 아니면 남에게 빼앗길까 봐 그랬는지 확실히는 알 수 없으나, 그 때부터는 일반 동물들과는 달리 하늘을 우러러 한 점 부끄러움이 없기를 원하는 동물이 되었다. 인간은 윤리적인 동물이 되었다는 말이다.

또 이때부터 남자는 땀흘리며 애써 일을 해야만 했고, 여자는 아기 낳는 고통을 겪어야만 했다. 그러나 이것은 어찌 보면 은혜요, 축복이었다. 왜냐하면 인간은 애써 노동을 하면서 잘 살게 되고, 해산의 고통을 겪으면서 가문이 번성하기 때문이다.

다시 본론으로 돌아가서, 우리나라 최초의 성경은 불알로 되어 있었다. 구약성서 신명기 23장 1절에 보면 "불알이 샹한 쟈나 신이 버린 쟈는 여호와의 총회에 드러가지 못한다" 라고 했다.

이것이 지금은 "신낭이 터지거나 신경이 잘린 사람은 주의 총회원이 되지 못한다"로 되어 있다. 그러나 가톨릭이 현재 사용중인 신구교 공동번역 성경은 "불알이 터지거나 자지가 잘린 사람은 야훼의 대회에 참석하지 못한다" 했다. 순 토박이말로 돼 있다.

아, 어찌하여 우리는 '신낭' 이라는 괴상한 한자말을 써야만 되는 줄 아는가? '불'은 거룩한 존재인데! 신적인 언어인데! 올도 마찬가지로 신적인 언어인데! 저 이스라엘 민족이 이집트에서 탈출하여 가나안 복지로 향할 때 불기둥이 언제나 그들을 인도했으며, 그들의 회막에는 언제나 등잔불이 켜져 있었다.

이런 풍속이 우리나라에도 있었다. 우리 배달민족은 불의 후손이다. 그래서 새악씨가 만약 불씨를 죽이면 그 가문에서 쫓겨나기도 했으며, 신주를 모신 방 어귀에는 언제나 호롱불이 켜져 있었다.

또 우리 배달민족은 올의 후손이다. 고구려의 시조 주몽 동명왕도 올에서 나왔고, 신라의 시조 박혁거세도 올에서 나왔다. 신라의 화랑花郎은 본디 꽃씨 올이다. 화랑은 꽃씨 올의 한자말이다. 꽃씨 올이 있었기에 신라가 존재하였고, 꽃씨 올이 있었기에 삼국 통일이 가능했다.

올은 자아自我를 의미한다. 자아가 상실되면 인간은 인간일 수 없다. 불가에는 천상천하 유아독존唯我獨尊이란 말이 있다. 이 말은 결코 오만한 소리가 아니다. 이는 자존自尊과 자각自覺의 대명사다. 자아가 상실된 곳에 어찌 힘이 있겠으며, 자아가 상실된 곳에 어찌 독립과 자유가 있겠는가.

폐일언하고 나는 굳게 믿는다. 지난해 12월 8일, 우리 국회가 한글날을 국경일로 만장일치 통과시킨 것은 국회의원들의 힘만으로 된 것은 아니다. 또 한글날 국경일 제정 범국민추진위원회의 위원장이나 그 간부들의 힘만으로만 된 것은 결코 아니다. 숨어 있던 재야의 씨ᆞ들의 힘이 아니었다면 절대로 되지 못했을 것이라고 나는 굳게 믿는다.

문득 사도 요한의 말씀이 떠오른다. "우리가 무엇이든지 구하는 바를 들으시는 줄을 안즉 우리가 그에게 구한 그것을 얻은 줄을 또한 아느니라(요일 5:15)라는 그 말씀 말이다.

《에세이문학》, 2006년 여름 호

12. 씨ᅟᆞᆯ의 힘

얼마 전에 나는

"씨와 ᅟᆞᆯ, 그리고 씨ᅟᆞᆯ"이란 제목의 글을 쓴 바 있다. 이제는 "씨ᅟᆞᆯ의 힘"이란 제목의 글을 쓴다. 지금의 이 글은 그 글의 후편이라 할까 속편인 셈이다. 그러므로 독자 제위도 이 글의 전편인 그 글도 한번 눈여겨 보았으면 한다.

우선 씨ᅟᆞᆯ은 씨알과 어떻게 다른 것인가? 다 같이 씨알이라고 발음한다면 구태여 '씨ᅟᆞᆯ'이라 하지 않아도 될 것 아닌가 말이다.

나는 어릴 적 언문을 배울 때 ㄱㄴㄷㄹ식으로 배우지 않았다. 가갸거겨고교구규그기 ᄀᆞ, 나냐너녀노뇨누뉴느니 ᄂᆞ 식으로 배웠다. ᄃᆞ도 가요 ᄂᆞ도 나로 배웠다. 그렇다면 ᄀᆞ는 가와 어떻게 다른 것인가. ᄂᆞ는 나와 어떻게 다른 것인가 말이다.

옛날 언문 소설책을 보면 'ᆞ'자가 수없이 많이 나온다. 옛날 어른들의 글에서도 'ᆞ'자가 수없이 많이 나온다. '하ᄂᆞ님'이라 써 놓고는

'하느님'이라 읽으며, '오ᄂᆞᆯ'이라 써놓고서는 '오늘'이라 읽으며 '개ᄂᆞᆫ 집을 잘 지킨다' 하고서는 '개는' 집을 잘 지킨다고 한다.

이와 같이 'ㆍ'자는 'ㅏ'일 수 있고 'ㅡ'일 수도 있다. 그리고 'ᄀᆞ'는 결코 '가'가 아니며, 'ᄂᆞ'는 결코 '나'가 아니다. 둘이 엇비슷하지만 다르다.

이것을 훈민정음을 만든 사람들은 'ㅗ'는 'ㆍ'와 같되 입을 오므리며, 'ㅏ'는 'ㆍ'와 같되 입을 편다고 풀이했던 것이다. 그러므로 'ㆍ'는 이상하고도 신비스런 글자임에 틀림없다.

어떤 한글학자들은 'ㆍ'의 발음은 아기가 처음 태어날 때 터뜨리는 울음소리와 같다고 했다. 그 소리는 'ㅏ' 같기도 하고 'ㅡ' 같기도 하고 'ㅗ' 같기도 하고 'ㅓ' 같기도 하다는 것이었다.

어쨌든 'ㆍ' 소리는 두루 통하는 소리이며 인간 최초의 소리이다. 하늘이 내리신 인간 최초의 소리이다. 하늘이 내리신 인간 최초의 원음, 인간 최초의 비어임에는 틀림없다. 'ㆍ'는 중성 중의 중성이며, 모음 중의 모음이다. 이 소리가 지금도 제주도에 살아있다고 하지만 나는 아직 들어보지 못했다. 아마 모르긴 하나 현대인으로서 'ㆍ'자를 제일 많이 쓴 사람은 아마 다석多夕 유영모柳永模 선생일 것이다. 그는 '하느님은 한ᄋᆞ님'이라고도 하고, 'ᄒᆞ울님'이라고도 했다. 아버지를 'ᄋᆞᆸ'라 부르기도 하고, 'ᄋᆞᆸ디'라 부르기도 했다. 정음正音을 'ᄇᆞ른소리'라 했다. 생각을 'ᄉᆡᆨ', 하늘을 'ᄒᆞ늘', 땅을 'ᄯᆞ', 사람을 'ᄉᆞᄅᆞᆷ', 아들을 'ᄋᆞᄃᆞᆯ', 나라를 'ᄂᆞᄅᆞ'라고도 했다. 그는 때에 따라 장소에 따라 같은 말을 이렇게도 쓰고 저렇게도 썼다.

　이와 같이 그는 'ㆍ'를 수없이 많이 썼다. 'ㆍ'를 어디에나 또 아무렇게나 둘러댔다. 그의 일기책 『다석일지』는 1,822쪽 두께의 방대한 책인데, 그 책을 보면 참말로 가관이다. 마치 어린 아이들이 동그란 공기을 가지고 장난치는 것 아닌가 의심될 정도이다. 'ㆍ'자를 가지고 놀았다는 말이다. 그는 확실히 기인임에는 틀림이 없다. 그는 자기의 죽을 날도 예언했다.

　이러한 기인들을 우리는 지금도 가끔 보게 된다. 예를 들어 밀물무용단 단원들은 한글을 가지고 춤을 추고, 동양화가 이용관 님은 한글을 가지고 사람을 그리고, 공학박사 출신의 디자이너 신승일 님은 한글을 상품화해 가지고 돈을 번다. 또 며칠 전에는 KBS 가족오락관 코미디언들이 가나다라마바사아자차카타파하, 고노도로모보소오조초코토포호, 기니디리미비시이지치키티피히 하면서 웃기는 것을 보았다. 그걸 보고 나는 한 술 더 떠서 하하 호호 히히 웃었다. 한글이 이젠 코미디언들의 소재가 되기도 하는구나 하면서 하하 호호 히히 웃었던 것이다.

　『다석일지』를 읽다보면 이해가 안 가는 대목이 수없이 많다. 예를 들어 'ᄂᆞ이' 즉 사람의 '나이' 라는 제목의 일기에서 그는 "ᄒᆞᆫ 둘 셋 거니와 ᄒᆞᆼ둔 셈 이릭 됴! ᄒᆞᆼᆞ옵 셈 춈요! ᄀ디친 ᄒᆞᆫᆞᆼ 홉"이라 했다.

　또 그는 '한ᆞ님 ᄋᆞᆸ디 싱극 뜽' 이란 제목의 글에서 그는 "우리 씰ᆸ 른 소리, 울월물려 빛욀ᄂᆞᆯ, ᄒᆞᆫ울님 ᄋᆞᆸ 푀실 ᄋᆞ들"이라 했는데, 나와 같은 둔자로서는 도저히 이해할 수 없다.

훈민정음을 만든 사람들은 중성 열한 자 중 'ㆍ, ㅡ, ㅣ' 석 자는 天地人 3재를 따서 만들었다고 한다. 'ㆍ'는 즉 하늘의 둥그런 모습을 따서 동그란 점(ㆍ) 하나 찍고, 'ㅡ'는 즉 땅의 평평한 모습을 따고, 'ㅣ'는 즉 사람이 하늘과 땅 사이에 곳곳이 서 있는 모습을 따서 만들었다고 한다.

다석은 아마 이 'ㆍ'에서 무슨 영감을 느낀 것 같다. 거기서 무슨 소리를 듣거나 무슨 힘을 얻은 것 아닌가 이런 생각이 든다. 사실 그의 힘은 엄청난 것이었다. 그는 체구도 자그만하다. 체중도 50킬로그램 되나마나한 왜소한 사람이다. 하루에 한 끼만 먹고 산다. 잣나무 널판을 깎아 펴 놓고 그 위에 누워서 잔다. 베개도 목침을 베고 잔다. 먹거리는 돌짝밭에서 얻어 먹고 산다. 만날 걸어서만 다녔다. 그래도 그는 92년이나 장수했다.

그러나 그의 힘은 막강한 것이었다. 말년에 그는 YMCA에서 강의를 많이 했다. 어떤 때는 세 시간도 계속하고, 다섯 시간도 계속했다. 청강인들이 지쳐서 슬금슬금 빠져나가도 그는 혼자서 신들린 사람처럼 손짓발짓 하면서 강의를 계속했다. 그의 강의 내용은 실로 광범위한 것이었다. 동서고금을 넘나들며 휘젓고 다녔다. 톨스토이의 문학도 논하고, 소크라테스의 철학도 논하고 공자·맹자의 사상도 논했다. 노자의 사상은 강의만 아니라 번역까지 했다. 그런데 그 번역은 보통 상식을 뛰어넘은 순 우리의 토박이말과 'ㆍ'자 투성이였다.

아, 그렇다면 그 힘은 어디서 나왔을까? 그 신비스런 힘은 도대체 어디서 나왔을까? 이렇게 묻고서 나는 자문자답을 한다. '‥'에서 나왔다고! 둥그런 하늘에서 나왔다고! 나는 단언을 한다.

무릇 둥글거나 동그란 것 치고 힘없는 것은 하나도 없다. 힘있는 것은 모두 다 둥그렇거나 동그랗다. 저 태양을 보라! 태양은 둥그렇다. 우주 공간에 가만히 떠 있기만 해도 그 주위를 토성·금성·화성·지구·달 등이 빙빙 돈다. 태양에는 인력이 있기 때문이다. 또 축구공이나 야구공이나 골프공은 동그란 을에 불과하나 가만히 내버려 두면 그 존재조차 알 수 없는 미미한 존재들이다. 그러나 한번 방망이로 얻어맞거나 발길로 걷어채이면 무서운 힘으로 튕겨져 나간다. 거기에는 탄력이 있기 때문이다.

저 유대나라 다윗왕은 목동이었을 때 돌멩이 하나로 블레셋 장수 골리앗의 대가리를 까부쉈다. 그 돌멩이는 야구공만한 조그만 존재였다. 하지만 그는 창이나 칼도 안 가지고 활도 안 가지고 을몸으로 뛰어나가 돌멩이 하나로 그 장수를 쳐 죽였다.

유대나라의 사도 바울은 사랑의 힘을 강조했다. 그는 "내가 사람의 방언과 천사의 말을 할지라도 사랑이 없으면 소리나는 구리와 울리는 꽹가리가 되고"(고전 13:1)라고 했다. 예수님은 "나는 부활이요 생명이니 나를 믿는 자는 죽어도 살겠고 무릇 살아서 나를 믿는 자는 영원히 죽지 아니하리니"(요 11:25-26) 했다. 그는 사랑을 행동으로 옮겨 사망을 이겨냈다.

포은 정몽주 선생은 고려 말기 나라사랑에 빠져들어 "이 몸이 죽고 죽어 일백 번 고쳐 죽어, 백골이 진토되어 넋이라도 있고없고, 님 향한 일편단심이야 가실 줄이 있으랴" 했다. 여기서 일편단심一片丹心은 빠알간 점(·) 하나 딱 찍은 연지·곤지 사랑이다. 하나의 동그란 마음 씨 씨ᄋᆞᆯ이다. ᄋᆞᆯ은 얼이고 얼은 ᄋᆞᆯ이다. 그런데 사랑에는 여러 가지 종류가 있다. '때문에'의 사랑도 있고, '…에도 불구하고'의 사랑도 있다. 아가페의 사랑도 있고 에로스의 사랑도 있다. 개도 제 새끼를 사랑한다. 그러나 그 사랑은 본능적인 사랑이지 '…에도 불구하고'의 사랑은 아니다.

우리나라 재야에는 씨ᄋᆞᆯ들이 많다. 그들은 나라도 사랑하고 한글도 사랑한다. 그 사랑은 무조건의 사랑이다. 재야의 씨ᄋᆞᆯ들은 가만 내버려두면 있는지 없는지조차 알 수 없는 미미한 존재이다. 그러나 한번 발길로 채이거나 방망이로 얻어맞으면 무서운 힘을 발휘한다.

재야의 씨ᄋᆞᆯ들은 야생화처럼 아름다운 꽃이다. 민들레처럼 들국화처럼 소박한 꽃이다. 나는 그들과 같이 있기를 원한다. 그들의 전우가 되길 원한다. 때문에 나는 밤낮 하늘을 우러러 두 손 모아 치성을 드린다. 각설이 타령을 한다. "작년에 왔던 각설이 죽지도 않고 또 왔네…" 하면서! 이젠 거의 다 망가진 팔다리를 흔들거리면서 말이다.

《한글새소식》, 2006년 7월 호

제4장
논설과 역사적 기록들

〈일러두기〉

여기 부록으로 내는 "파리기준(Paris Basis)의 개역과 헌장 개정의 경유" 는 1967년에 내었던 나의 책 『강아지의 抗辯』에 실었던 논문이다. 그때 나의 주업무는 6·25때 파괴된 YMCA회관의 재건이었으나 상실된 YMCA 이념의 재건도 중요한 업무였다. 이 논문은 Y 이념 재건에 관한 논문이다.

그리고 "한글의 성서적 의미" 는 최근에 쓴 논문이다. 나는 한글운동을 신앙적 차원에서 했지, 시민운동 차원에서 하진 않았다. 한글운동은 나의 소신이요, 신앙고백이었다. 때문에 이 논문은 나의 소신과 신앙고백의 성서적, 신학적 표현이라 할 수 있다.

그리고 '교남재단' 과 '복음동지회' 는 내가 오랫동안 관계했던 기관이기 때문에 그 기관의 역사와 정신을 약술한 것이다.

끝으로 나는 YMCA운동과 한글 운동을 평생 해 왔는데, YMCA운동에 투신한 것은 YMCA 신학과 에밀 브루너 때문이었고, 한글운동에 투신한 것은 나의 모교 함흥영생학교의 학생 YMCA 지도자들 때문이었다는 것을 말해 둔다.

1. 파리기준(Paris Basis)의 개역과 헌장개정의 경유

서울 YMCA건물의 재건도 어려웠지만 헌장의 개정은 더 어려운 작업중의 하나였다. 필자가 Y에 발을 들여 놓고 헌장문제에 손을 댄 경로는 다음과 같다.

첫째로 1957년 7월 12일 55회 정기총회 때는, 종래에 회원 한 명이 20여 명의 불참석 회원의 위임장을 가지고 총회에 참석하여 투표하던 불합리한 위임장 제도를 없애는 것을 골자로 헌장을 개정했다. 둘째로 1962년 4월 27일 60회 정기총회 때는 특별한 이유없이 협동총무제도를 두고 권한을 부여하는 일과 각부 책임 간사를 부장이라고 부르던 것을 개정하였으며, 셋째로 1965년 1월 31일 63회 정기총회와 넷째 번 1967년 1월 31일 65회 정기총회 때는 Y이념의 연구와 함께 새로운 시대적 요구에 대응하여 근본적으로 헌장개정을 시도했던 것이다. 이제 그 경로와 내용을 약술한다. 필자가 AOS연구위원회 위원장으로서 1963년 2월 12-13일 회의를 소집하고 헌장개정문제를 연구하였으며, 그 성안 된 초안을 가지고 동년 3월 19-21일 전국총무협의회에서 다시 검토하였으며, 동년 8월 1일부터 3일까지 다시 AOS연구위원회가 이를 재검토하였으며, Y연맹 프로그램 위원회와 Y연맹 실행위원회의 정식 심의를 거쳐 그해 10월 대한Y전국대회에 제출하여 채택케 한 다음, 1965년 3월 25-27일 AOS연구위원회에서 재검토한 후, 그 해 10월 21-23일의 제18회 대한 Y연맹 전국대회에서 기독교청년회기준헌장이 통과되었던 것이다.

즉 서울Y는 자체의 헌장개정을 하기 전에 먼저 한국 YMCA 전체의 기준헌장을 먼저 제정했던 것이다. 그래서 이것을 토대로 하여 1965년 1월 30일 63회 정기총회 때 제1차 헌장개정에 성공하였으며, 그 못다한 헌장개정을 1967년 1월 31일 65회 정기총회 때 완성했다. 앞으로 서울 Y가 더 커져서 메트로폴리탄기구가 될 때는 몰라도 당분간 헌장개정 없이 지낼 수 있다고 여겨지며, 다음에 싣는 「헌장개정의 해명서」는 필자의 초안을 헌장개정위원회의 이름으로 총회에 내어 놓은 기록인 것이다. 이로써 전국Y가 꼭 같은 번역의 파리기준과 꼭 같은 내용의 헌장을 갖게 된 것은 다행한 일이라 아니할 수 없다.

헌장개정의 해명서

(1) 파리기준의 개역문제

    1) 서울Y 종래의 번역문

  기독교청년회는 성경에 의하여 예수 그리스도를 하나님과 구주로 믿으며 그 교리와 생활에 제자가 되고저 하는 청년들을 단결시키기에 힘쓰며 또한 그들의 노력을 합하여 청년 가운데에 그 나라를 확장키에 힘씀에 있다. (이상 88자)

    2) Y연맹의 번역문

  기독교청년회는 청년으로서 성경에 의하여 예수 그리스도가 하나님 되심과 구주 되심을 믿으며 그 신앙과 생활에 있어서 그의 제자가 되고저 하는 자들의 단결을 힘쓰며 또는 그들의 노력을 합하여 청년들 가운데 그 나라를 확장키를 힘쓴다. (이상 97자)

    3) 영문으로 된 파리기준의 원문

  The Young Men's Christian Association seek to unite those young men who, regarding Jesus Christ as their God and Saviour according to the Holy Scripture, desire to be His disciples in their faith and in their life, and to associate their efforts for the extension of His Kingdom amongst young men.

4) 새 번역문(개정안)

기독교청년회는 성경대로 예수 그리스도를 하느님과 구주로 믿어 그 신앙과 생활에서 그의 제자되기를 원하는 청년들을 하나로 뭉치고 또 그 힘을 합하여 청년들 가운데 그의 나라의 확장을 힘쓴다.(이상 79자)

5) 개역의 이유

첫째로, 오역이 있기 때문이다. 즉 종래의 '그 교리와 생활에'는 '그 신앙과 생활에서'의 오역이 분명하다. 1855년 8월 22일 처음 통과시에는 '교리와 생활'(doctrine and life)로 되었었으나 24일 폐회 직전에는 교리(doctrine)를 신앙(Faith)으로 고친 사실을 모르고 번역한 것이다. 둘째로, 종래의 번역은 직역도 아니고 의역도 아닌 번역태도에 입장이 없으며(예를 들면 desire to be His disciples와 the extension of His kingdom의 경우), 셋째로 낱말 번역의 정확성과 순수한 우리말 선택이 부족하며(예를 들면 unite, according to와 efforts와 같은 경우), 넷째로, 종래의 번역은 '기독교청년회는 … 믿으며 … 힘쓰며 … 힘씀에 있다'는 식으로 YMCA의 목적이 셋이 있는 것처럼 세 구절로 나누어 문장을 구성하였기 때문에 본뜻이 잘못 이해되기 쉬울 뿐 아니라 능동적 (dynamic)이며 통일적인 Y정신과 이상이 잘 들어나 있지 않다. YMCA 연맹의 번역도 서울Y의 종래의 것과 동일한 범주의 것으로서 첫째로, and를 '또는'으로 번역하여 or로 오인하게 했으며, 둘째로, 직역도 아니고 의역도 아닌 번역태도에 석연치 못한 점이 있으며('청년으로서'라는 없는 말을 넣은 것이라든지), 셋째로 또 넷째로, 서울Y의 종래의 것과 꼭 같은 결함을 보이고 있다.

6) 개역의 태도

첫째로, 원문에 충실하고 직역의 입장을 지켰다. 즉 하나 하나의 낱말을 그대로 다 번역하기에 힘쓸 뿐 아니라 명사는 명사대로, 타동사는 타동사대로 목적어는 목적어대로 문장구조를 변경시키지 않고 번역하여 고전성을 다 유지하기에 힘썼다. 둘째로, His disciples의 His와 His Kingdom의 His를 '그의'로 통일하였고, unite를 '하나로 뭉치고'로 번역하여 YMCA의 표어인 요한복음 17장 21절의 '저희로 다 하나가 되게 하소서'의 정신을 반영시킴으로써 YMCA의 고전적 이상과 용어 번역에 신중을 기했다. 셋째로, 종래의 서울Y 번역은 88자로 되었고, Y연맹 번역은 97자로 되었으나 이번 새 번역은 79자로 줄여서 한숨에 읽어 청년들이 YMCA의 정신과 목적을 느끼고 행동강령처럼 늘 외울 수 있도록 쉬운 우리말로 문장을 구상해 봤다.

7) 새 역문의 맹점

첫째로, 직역의 입장이라면 단어를 죄다 번역했어야 할 터인데 as their God의 their와 in their faith and in their life의 두 their를 번역하지 못했으며, 둘째로 인칭대명사 their를 '그'로 통일해서 '예수 그리스도를 하느님과 구주로 믿어 그 신앙과 생활에서 … 원하는 청년들을 하나로 뭉치고 또 그 힘을 합하여'로 해서 '그'가 their의 뜻인 것을 쉬 알게는 됐으나 영어의 수 개념과 소속 개념을 다 반영하지 못했다.

(2) Y헌장 전문前文의 삭제와 총칙의 문제

첫째로 YMCA의 기본정신과 목적을 전문으로 명시하는 것이 필요하다면 이상적으로 더 체계적이며 논리적인 것이어야 할 것이며, 그렇지 못하다면 차라리 파리기준을 전문으로 삼아도 충분할 것이며, 둘째로 이 전문에는 YMCA의 국제성만이 강조되었고 사회적이며 지역적인 성격은 언급되지 않았기 때문에 YMCA의 function의 설명문으로도 부족하며, 셋째로 국제적 성격이 헌장에 반영되어야 한다면 차라리 전문에서 보다 제1장 총칙 조직면에 명시됨이 좋다고 생각하여 이를 다 삭제하고 제4조 가맹문제를 새로 넣기로 했다.

(3) 제3장 '목적과 사업' 의 근본적 개편

개편의 태도

첫째로, 종래에는 '영·지·체' 의 YMCA 기본이념과 행위면에 속하는 '사社' 를 한 조항으로 갈라 놓은 동시에 전인간(whole man) 구원의 기본철학과 사회구원의 부차적인 정신과의 혼동을 방지하기에 유의했다.

둘째로, YMCA의 사명을 셋으로 대분하여 제5조에는 기본이념과 사명(whole man-spiritual, mental and physical condition improvement의 문제)을, 제6조에는 사회적 사명(social condition improvement와 social action, Laity의 문제)을, 제7조에는 파리기준에 명시된 대로 그의 나라의 확장과 하나의 교회지향(extension of His Kingdom과 ecumenical concern의 문제)을 표명하였다.*

셋째로, 종래에는 YMCA의 목적을 제4조에다 규정하고 이 목적을 달성하기 위하여 제6조에다 사업종목을 지정한 것인데 이는 시대적 사회적 변동에 적응해서 자유로이 변할 수 있는 YMCA 프로그램 성격을 고정화시킨 감이 있으므로 이번에는 목적 속에 사업의 원리성만을 다루고 세칙으로 다루어야할 부차적인 요소는 제거하기에 유의했다.

넷째로, 제5조의 '교파나 정치문제에 불관여' 운운의 문제는 우리나라의 시대적인 유물로서 지금도 심각하게 고려되어야할 문제이지만 이것은 세칙으로 강력히 규정할 수 있는 것이고 헌장의 '목적과 사업' 조항에 넣을 성질의 것은 아니라고 생각되었다.

(4) 제3장 '회원과 회비'의 고려점

1) 회원의 연령을 18세 미만으로도 규정하여 국민학생(초등학생)도 회원자격을 갖게 한 것은 YMCA 회원제도의 전세대全世代성을 반영하기 위함이었다.

2) YMCA의 초교파적(inter-denominational)이며 초신앙적(inter-

---

* 이것은 1967년 1월 31일 제65회 정기총회 때에 다시 개정되었음.

faith)인 성격을 명시하기 위하여 정회원을 '수세자 또는 이에 준하는 기독교인'이라 규정했다.

 3) 회비의 종목에 있어서 폐기했던 평생회원제도를 부활시키는 데 여유를 주기 위하여 평생회비와 기타 회비 종류를 세칙으로 규정하기로 했다.

(5) 기타 개정의 요건과 태도

 1) 되도록 내용의 중복과 번잡을 회피하여 문장을 짧게 하였고(종래에는 전문 2,254자이던 것을 이번에는 1,985자로) 세칙과 사무규정을 이사회의 결의로 시행케 했다.

 2) 종래에는 감사를 이사회가 선임하기로 했던 것을 이번에는 총회가 회원중에서 선임하여 재정과 문서관리에 엄정을 기했다.

 3) 본 개정안이 총회에서 통과되는 대로 이사회는 세칙과 사무규정을 만들기로 했다.

1963년 1월 29일, 헌장개정위원회

2. 사회복지법인 교남재단의 어제와 오늘

사람이란 무슨 직업을 택하거나 직책을 맡을 적에 타의에 의해서 되거나 자의에 의해서 되거나, 아니면 타의 반, 자의 반으로 되는 경우가 있다. 그런데 내가 사회복지법인 교남재단의 이사장이 된 것은 순전히 타의에 의한 것이었다. 작고하신 설봉 전택보 천우사 사장께서 하라고 해서 된 것이지, 내가 원해서 된 것은 아니었다.

그렇다고 해서 내가 사회사업에 대해 관심이 전혀 없거나 그것을 싫어한 것은 아니었다. 내가 거의 30여 년 동안 사회복지법인 교남재단과 인연을 맺고 살게 된 것은 어릴적부터 보아온 것이 있었기 때문이다. 나의 어머님께서 하시던 일 말이다. 물론 나의 어머님은 사회사업가는 아니다. 일개 가정주부였을 뿐이다. 비교적 넉넉한 가정의 주부였을 뿐, 기독교 신자도 아니었다. 다만 한 가정의 현모양처로서, 또한 어려운 살림을 꾸려나가는 부지런한 가정주부에 불과했다.

시부모를 잘 모시는 것으로 소문난 여성이었으며, 친척과 이웃끼리 화목하게 지내는 데도 남들의 본이 됐다. 지금도 내 눈에 선하게 보이는 것 같지만, 옛날 나의 어린 시절에는 4·5월 보릿고개가 되면 먹거리가 떨어져서 굶는 사람들이 많았다. 나의 고향마을은 약 80가호가 모여 사는 비교적 부촌으로 알려진 마을이었지만, 보릿고개만 되면 먹지 못해서 얼굴이 퉁퉁 부어 다니는 사람들이 많았다. 그럴 때에 어머님께서는 식구들 몰래 고방에 들어가서 쌀을 퍼다가 굶는 사람들에게 갖다 주곤 했던 것이다.

한동네 사람들만 아니라 다른 시골마을 사람들 중에는 거지가 아니었던 사람이 거지가 되어 우리 동네로 구걸오는 사람들이 있었다. 그 중에는 올망졸망 새끼들을 데리고 오는 거지가 있는가 하면, 병으로 거의 죽게 된 거지들도 있었다. 어머님께서는 그들에게 밥과 반찬을 제대로 챙겨서 개다리 소반에다 받쳐 중문 안으로 내어다 주기도 했다. 거지를 박대하면 천벌을 받느니라 하시면서!

나는 이런 어머님의 자비심을 보고 자랐기 때문에 사회사업가들을 보면 저절로 머리가 숙여지곤 했던 것이다. 그런데 내가 YMCA에 들어가서 위대한 사회사업가 한 사람을 보게 된 것이다. 창주滄柱 현동완玄東完 총무가 바로 그런 사람이다.

현동완 총무는 1899년 서울에서 태어나 1963년에 작고했다. 1917년 YMCA 학관을 졸업, 1922년에 미국 클리브랜드에 가서 간사 훈련을 받고 돌아와 YMCA 소년부, 체육부, 간사를 두루 거쳐서 YMCA전국연맹 주임간사 · YMCA영창학교 교장이 되었으며 8 · 15해방 직후에는 서울 YMCA 총무가 됐다.

그의 백부 현흥택玄興澤 씨는 구한말의 군인 출신으로서 계급이 대령일 때인 1882년, 민영익閔泳翊이 전권대사로 미국과 구라파 제국을 순방할 때 그 수원으로 같이 갔었다. 또한 1896년 서재필, 윤치호, 이상재 등이 독립협회를 창설할 때는 그 창설 멤버 중의 한 사람이 되기도 했다. 특히 그는 1907년 황성기독교청년회 즉, 서울 YMCA가 종로에다가 회관을 처음 지을 때는 그 대지 중의 일부인 약 400여 평을 기증함으로써 큰 공을 세우기도 했다. 또 그의 두 아들 동식東軾, 동철東鐵 등은 YMCA 체육부 간사로서 악질 친일분자들의 침투로 YMCA가 수난을 당할 때 언제나 수문장 역할을 하였다.

이와 같이 현동완 총무는 자기 자신만 아니라 그의 백부와 사촌형제들 일가족 전부가 YMCA 발전에 헌신하였으며, 특히 현동완 총무는 8 · 15해방과 더불어 한국 역사상 놀라운 업적을 남겼다. 그는 혼자 힘으로 한국 역사상 최대 규모의 사회사업을 개척했다. 일정 때에도 고아원 등 사회사업기관이 더러 있기는 했으나 그것은 주로 선교사 등 외국인들이 운영하는 것이었다. 그러던 것을 현동완 총무가 나서서 전국적으로 발전시켰던 것이다.

예를 들어 6 · 25 후 부산 피난 갔을 때에는 밀크스테이션, 식량무료 배급 등으로 전재민 구호사업을 대대적으로 펼쳤으며, 1952년에는 삼동부녀회관三同婦女會館을, 1953년에는 삼동소년촌三同少年村을 설립

했다. 전자는 무의탁 소녀들과 윤락여성들의 구호사업이었고, 후자는 전쟁고아들과 무의탁 소년들의 구호사업이었다. 삼동三同이란 이름은 YMCA의 영靈, 지智, 체體의 교육 정신을 상징하는 것으로서 우리 민족의 '참' 정신을 표현하는 것이었다.

그는 당시 105만 평이나 되는 난지도 전부를 사들여 가지고 거기다가 삼동소년촌과 YMCA 이상촌을 세우려고 시도했다. 종로에다가는 가건물을 짓고 무의탁 소녀들과 윤락여성들의 교육과 구호사업을 시작했다.

이런 사업은 정부도 감히 못하는 것이었는데, 현동완 총무는 미군들과 각계 유지들의 호응을 얻어 큰 성과를 거두었다. 이에 감동을 받아 당시 이승만 대통령이 그를 보건사회부 장관으로 삼으려고 했지만 그는 이런 자리를 사양하고 오로지 사회사업에만 열중했던 것이다.

그러다가 현동완 총무는 뜻밖의 궁지에 몰리게 되었다. 무엇인가 하면 6·25때에 받은 상처가 차츰 아물어 가면서 YMCA도 이제는 구호사업에만 몰두할 것이 아니라 파괴된 YMCA회관 재건에도 관심을 가져야 할 것 아닌가 하는 비판의 소리가 높아지기 시작했다. YMCA 이사들이 삼동소년촌 사업은 남성상대의 사업이니까 상관없지만 삼동부녀회관 사업은 여성 상대의 사업이므로, 그 사업은 여성기독교청년회에 넘겨주던지 아니면 하지 말아야 한다는 원칙문제를 들고 나왔던 것이다. 이에 대하여 현동완 총무는 완강하게 반대했다. 만약 그 사업을 중단하면 마치 부모가 제 자식을 집 밖으로 내쫓는 꼴이 되니 그럴 수는 없다며 완강하게 반대했던 것이다. 이렇게 YMCA 이사회는 이 문제로 옥신각신하다가 겨우 해결책을 찾게 되었다. 당시 이사 중의 한 사람이었던 전택보 천우사 사장이 "그 사업을 포기해서는 절대로 안 됩니다. 정녕 YMCA가 못하겠다면 제가 맡아 하겠습니다." 해서 다년간의 난문제가 해결을 보게 되었던 것이다. 그러나 현동완 총무는 그 문제로 인해서 총무직에서 물러날 수밖에 없었으며, YMCA는 막대한 경제적 부담을 면할 수가 있었다.

그런데 1957년 봄의 어느 날이었다. 현동완 총무 후임으로 총무가 된 윤영선 총무로부터 엽서 한 장이 내게 날아왔다. 그 때 나는 현동완 씨와 마찬가지로 윤영선 씨와도 전혀 모르는 사이였다. 그러나 만나자고 하기에 어느 다방에서 만났더니, 파괴된 YMCA회관을 다시 지어야 할텐데 사람이 없으니 나더러 와서 일해 달라는 것이 아닌가? 너무나 뜻밖의 말이었기 때문에 처음에는 어리둥절했으나 나는 단박 "예."라고 대답했다. 왜냐하면 나는 6·25때 숨어서 번역한 『정의와 사회질서』의 저자인 에밀 브룬너 박사가 세계 YMCA연맹의 고문이며, YMCA 신학자라는 것을 알고 있었기 때문이다. YMCA가 나를 부른 데에는 하느님의 섭리가 있었구나 하는 예감이 번개같이 떠올랐다. 또한 그때 나는 공산주의에 의하여 파괴된 YMCA회관을 신앙의 힘으로 재건하라는 명령이라고 생각했다.

뒤에 알고 보니, YMCA가 나를 부르기까지는 전택보 이사와 현동완 총무 간에는 여러 가지 얘기가 오고갔었다. 전택보 천우사 사장은 내가 《사상계》 주간을 그만두고 일정한 직업도 없이 집에서 글만 쓰고 있는 것이 딱해 보여서 나를 추천한 것인지도 모른다. 처음부터 계획적으로 한 것은 아니지만 결과적으로는 전택보 사장과 현동완 총무는 피차 걱정거리였던 삼동부녀회관 아이들과 나를 서로 맞바꾼 셈이 되었던 것이다. 어쨌건 삼동부녀회관의 아이들은 교남소망의집에 와서 잘 살게 되었고, 나는 YMCA에 들어가서 보람있는 일을 하게 되었던 것이다. 아, 하느님의 섭리는 참으로 기묘하다 아니할 수 없다.

나는 YMCA일을 1957년부터 시작했다. 나의 주된 임무는 6·25때 파괴된 YMCA회관과 프로그램을 재건하는 일이었다. 우선 나는 당시 서울특별시 시장 허정 씨를 위원장으로 하여 회관재건위원회를 조직하고 그 사무국장이 됐다. 그리고 1958년 당시 대통령이던 이승만 박사를 명예회장으로 추대하고 대대적인 모금운동을 개시했다. 1962년에는 전택보 사장을 제2대 위원장으로 모시고 모금운동에 박차를 가했다. 그가 먼저 거액 기부를 하니까 이병철 사장 등 재계의 거물들이 줄줄이 나서서 거액 기부를 하게 되었다. 그 결과 재건운동을 시작한 지 10년 만인 1967년에 이르러 지하 2층, 지상 8층, 한국 최초의 실내수영장 등을 구비한 연평 4,200평의 대회관을 지을 수가 있었다.

나는 1962년에 부총무, 1964년에 총무로 승진되었다. 한편 전택보 사장은 1967년 YMCA 이사장에 취임했기 때문에 나는 그 어른을 이사장 겸 재건위원장으로 모신 가운데 회관 재건 준공식을 가지게 됐다. 1967년의 일이다.

그런데 나는 총무 취임과 동시에 삼동소년촌의 원장이 되었다. 총무는 당연적으로 원장을 겸해야 했기 때문이다. 이것도 순전히 타의에 의한 것이었다. 당시 삼동소년촌의 규모는 대단했다. 난지도에 있었는데, 5만 평 농지 위에 10여 채의 합숙소와 소강당, 축사, 운동장, 창고 등을 구비한 대규모의 사회사업기관이었다. 그런데 잠시 말을 바꾸어 난지도에 관한 얘기를 할 필요가 있다. 난지도는 여의도와 마찬가지로 한강 속에 있는 하나의 섬이다. 여름에 홍수만 나지 아니하면 서울 시민에게 땅콩, 채소 등을 공급하는 중요한 농지였다. 면적은 약 105만 평, 홍종관洪種觀이란 부자의 소유였는데, 그가 미국 유학 중인 자기 자녀들에게 달러를 보내주는 데 도움이 될까 해서, 1947년 당시 YMCA 협동총무로 와 있던 피치(G.A.Fitch) 박사를 찾아가 그 섬 전체의 기부의사를 표명했던 것이다.

또한 뜻밖에도 김구 선생이 피치 박사를 찾아와서 100만 원을 내어놓으며 YMCA 재건기금에 보태어 써달라고 했다는 것이다. 이에 대하여 피치 박사는 말하기를 "애국자 김구金九 씨가 내가 한국에 도착한 지 6개월 후(1948년 7월) 어느 날 100만 원을 가지고 내게 찾아와서 하는 말이, 중국 망명생활을 할 때 은혜 많이 받았다면서 세계 YMCA 재건기금에 보태서 쓰라는 것이었다. 그 돈은 당시 2,000달러에 맞먹는 큰 돈으로서, 내가 알기는 그가 아주 가난한 사람인데, 그런 큰 돈을 주니 이상하게 생각되었다. 뒤에 알고 보니 그가 귀국 후 중국에서 죽은 그의 어머니와 처자의 추모식을 마련해 준 동지와 후배들에게 조의금으로 받은 돈이었다."라고 했다. 그리하여 피치 박사는 그 돈 100만 원(2,000달러)과 세계 YMCA 재건기금 5,000달러를 합한 7,000달러를 홍종관 씨에게 사례금으로 주고 그 섬 전체를 YMCA 소유로 만들었던 것이다. 홍종관 씨는 땅보다 달러가 필요했기 때문이다. 그 배후에 현동완 총무가 있었음은 물론이다.

현동완 총무는 1948년부터 7명의 고아들을 이 섬으로 보내어 농사를 짓게 하면서 소년들의 이상촌 건설의 꿈을 키우고 있었다. 그러나 뜻밖에도 정부가 농지개혁을 단행하는 바람에 약 5만 평만 남고 그 섬 전부가 국가 소유가 되고 말았다. 그러나 6·25때 서부전선에서 많은 사상자를 냈던 미8군 제5전투부대의 살아남은 전우들이, 모금한 막대한 돈을 기부해왔기 때문에 그 돈으로 이들에게 필요한 건물과 시설을 지을 수 있게 되었다. 이것은 1953년의 일이다. 그리하여 삼동소년촌(Boy's Town)은 한국 역사상 최대 규모의 사회사업기관으로 부상하게 되었던 것이다. 그 성격도 특이하여 100명 가까운 고아들이 자신들의 대표자, 즉 시장(촌장)을 선출하고 각 촌, 즉 합숙소 생활을 같이 하며 농사도 같이 짓고 축산도 같이 하면서 자치생활을 영위케 했다. 이를테면 고아들에 의한 이상촌 건설을 시도했던 것이다. 이때 현동완 총무는 고아들과 같이 자고, 같이 먹고, 고락을 같이 하면서 이 꿈을 키웠다. 또한 그는 6·25때 전무全無 상태가 된 YMCA를 다시 일으키기 위하여 온갖 정성을 쏟았다. 이에 대하여 피치 박사는 "워너메이커(John Wanamaker)의 기부금으로 지었던 동양 최대의 서울 YMCA회관은 완전 폐허가 됐다. 현동완 씨는 몇몇 직원들을 데리고 흩어진 붉은 벽돌과 돌을 주워서 조그마한 막사를 짓고 거기다가 The Smallest YMCA in The World라는 간판을 써 붙였다. 전쟁으로 인하여 아무런 재산도 기금도 조직도 사람도 없는 YMCA를 다시 일으키기 위하여 온 정성을 쏟았다. 전쟁으로 고아가 된 고아들, 피난민, 윤락여성, 무산아동들의 구호에 떨쳐나섰다. 그는 오로지 신앙과 애국심을 가지고…" 이렇게 평했던 것이다.

한편 당시 미군정 장관 하지 장군은 피치 박사를 보고 "내가 한국에 와서 만난 사람들 중 현동완 씨는 가장 훌륭한 크리스천이오."라며 격찬을 아끼지 않았으며 현동완 총무가 미군들, 특히 뱀프리트 미8군 사령관과 그 휘하 장성들의 도움을 받아 재건운동을 더 잘 추진할 수 있었다. 그러나 안타깝게도 그는 1957년 YMCA에서 물러난 뒤 신병으로 고생하다가 1963년 10월 25일, 삼동소년촌 아이들이 지켜보는 가운데 난지도에서 마지막 숨을 거두었다. 그러나 그가 세운 삼동소년촌은 그의 자부님 김종원 원장에 의해 지금도 훌륭하게 운영되고 있다.

반면 나는 현동완 총무처럼 아이들과 같이 자 본 적도 없고, 같이 먹고 같이 살아 본 적도 없다. 내가 원장이니까 수시로 보고를 받고 결재도 했지만 겨우 한 달에 한 번씩이나 난지도에 가 볼 정도였다. 나는 1975년 정년퇴직을 할 때까지 13년간이나 원장직에 있었으나 삼동소년촌 발전에는 별로 기여한 일이 없다.

전택보 사장이 삼동부녀회관 아이들을 인계받은 것은 1954년이므로 삼동부녀회관이 창설된 지 불과 2년만이 된다. 초창기에는 아이들이 거의 100명을 헤아릴 정도였으나 이 문제로 YMCA가 옥신각신하는 통에 아이들이 이리저리 헤어지기도 해서 인계받을 때는 열대여섯 명에 불과했다. 그리고 무슨 건물이나 재산을 인계받은 것은 없고 해서 그 아이들을 당장 어디서 재우며, 어떻게 먹이느냐가 큰 문제였다. 초대 관장 김정신 권사님, 즉 전택보 사장의 부인께서는 "참혹한 전란 속에서도 우리 대가족이 하나도 상하지 않고 무사히 살아남은 것에 감사한다."고 하면서 스스로 관장이 되어 아이들 보호에 팔 걷고 나섰다. 그리고 신앙의 친구 이화신 권사를 사감으로 임명하여 아이들과 숙식을 같이 하며 살게 했다. 처음에는 신당동에 있는 경전 사택을 빌어서 썼다. 특히 왕십리 쪽에 가서 살 때에는 이화신 사감은 주야로 아이들과 같이 살면서 감독을 해야만 했다. 거기가 청계천 둑을 끼고 있던 관계로 여름에 장마가 들면 물이 방바닥까지 흘러 넘치고, 또 우범지역이어서 인근의 불량자들로 인해 불미스러운 일이 일어날까 우려해서였다.

그렇게 살기를 만 9년 만인 1973년, 드디어 화곡동에다 현재의 소망의 집을 짓고 이사했던 것이다. 이보다 앞서 1956년에는 '교남회관'이란 간판 아래 보건사회부의 정식 인가를 얻어 '부녀자보호사업'을 시작했으며, 1971년에 이르러서는 '사회복지법인 교남회관'의 인가를 받아 직업보도사업을 본격적으로 하기 시작했다. 화곡동에다 소망의 집을 짓게 된 것은 전택보 사장 내외분과 조명진 원장의 헌신적인 노력과 눈부신 활동의 결과였다. 전택보 사장 내외분은 조명진 원장의 사업활성화 계획안을 그대로 받아들여 마장동 소재 대지 208평을 매각하고 그

매각대금 2,400만 원으로 화곡동 골짜기에 위치한 서울시 소유의 채비지 2,100평을 사들였다. 거기다가 1층 147평, 2층 147평, 지하 33평의 건물을 지었고 1973년 10월 21일 감격의 준공예배를 올리게 되었다. 건축비 전액을 지불한 것은 천우사의 담보가 있었기에 가능했던 것이다. 조명진 원장은 1969년부터 원장직을 맡았으며, 그의 원장 취임을 계기로 하여 교남회관 사업은 눈부신 발전을 거듭했다. 우선 그는 케어(CARE)재단으로부터 Silver편물기 6대, 자수 미싱 4대를 기증받고 편물과 미싱자수 과목을 개설하는 동시에 원생들을 더 모집하여 기술교육과 신앙지도에 주력했다.

그러나 뜻밖의 난관에 부딪히게 되었다. 유일의 후원기관이던 천우사가 부실기업 정리대상 제1호로 지목되어 경제적 지원을 받을 수가 없게 된 것이다. 때문에 조명진 원장은 자기 혼자의 힘으로 교남회관을 살려나가야만 했다. 그는 보건복지부에서 퇴임할 때 받은 예식장과 미용실을 운영하는 것으로 겨우 생계를 이어나갔다. 그리고 미싱자수를 하려면 재료가 있어야 했으므로 원단 자투리를 구하기 위하여 저 멀리 도봉산 근처의 방직공장을 수없이 드나들었다. 경동시장 야채가게에 가서는 떨어진 이삭을 주워다가 아이들에게 반찬을 해 먹이기도 했다. 또한 오일파동 때에는 벙커씨유 값이 폭등했을 뿐 아니라 돈이 있어도 기름을 구할 수가 없었기 때문에 교남가족들은 추운 겨울을 얼음같은 방에서 지내야만 했다. 어떤 때는 예배실 나무의자 위에서 밤을 새우기도 했다.

그런데, 엎친 데 덮친다는 격으로 뜻밖의 일이 또 일어났다. 창설자 설봉 선생이 졸지에 세상을 떠나신 것이다. 1980년 7월 18일, 친구들과 같이 세상 걱정과 근심을 잠시라도 잊어버리려고 골프를 치러 나갔다가 그 자리에서 심장마비로 세상을 떠나신 것이다. 이 비보를 듣자 그 가족들은 물론, 경제계의 친지들은 애도의 눈물을 흘렸다. 교남의 가족들은 하늘이 무너지는 듯 비명을 질렀다. 평소 조명진 원장에게 "조 선생, 조금만 더 고생하라구! 천우사 사업이 잘 되면 교남 앞으로 기금을 마련해서 돈 걱정없이 마음 놓고 일할 수 있도록 해 줄테니……." 하던 그였기에 교남가족들은 더욱 비통함을 참을 수가 없었던 것이다.

그 무렵 1970년대 후반부터 한국사회에는 큰 변화가 일어나기 시작했다. 경제가 조금씩 나아지면서 가출을 하거나 도시로 몰리는 청소년들이 줄어들기 시작한 것이다. 농어촌 청소년들이 도시로 돈벌이를 떠나는가 하면, 학교보다는 일찌감치 공장에 취직하여 돈벌이를 하는 청소년들도 많아지기 시작했다. 이어 교남의 집 아이들도 동요하기 시작했다. 이러다가 교남회관은 문을 닫아야하지 않을까 걱정이 되기도 했다.

이에 조명진 원장은 청소년 보호와 직업보도사업의 시대는 지났다는 판단 하에 새 사업을 모색했다. 정신지체아 사업을 개척하기로 결심했던 것이다. 그러나 그때만 해도 정신지체아 사업에 대한 인식이 부족했을 뿐만 아니라 기피하는 현상까지 심했으므로, 그는 먼저 김정신 관장을 모시고 수유리에 있는 정신지체아 시설 등을 견학했다. 반대하는 이사들을 한 분 한 분 만나 설득하기도 했다. 그 결과로 이사회의 결의를 얻어 1981년 12월 31일 정부로부터 정식 인가로 정신지체아 사업을 시작할 수 있게 되었던 것이다. 설봉 선생이 작고하신 1년 뒤의 일이다.

이보다 앞서 목적사업을 바꾸기 위해서는 정관변경이 선행되어야 했으므로 이사회의 정식 결의로 정부의 인가 신청을 냈던 것이다. 그 때 나는 이사 중의 한 사람으로서 그 신청은 무난히 승인될 줄 알았다. 그러나 이사회가 열릴 때마다 조명진 원장은 빈 손으로 오곤 했다. 담당 과장이 해 주지 않았기 때문이다. 그 때 나는 몹시 불쾌했다. 그래서 나는 조명진 원장과 같이 그 과장을 찾아갔다. 그래도 그는 이런저런 구실을 대며 응해주지 않았다. 그러면서 하는 말이, "이런 사업은 정부가 직접 해야 하는데 예산 문제로 못하다 보니……." 하는 것 아닌가! 나는 이 말을 듣고 와락 고함을 질렀다. "여보시오, 과장님. 공산주의 사회에서나 할 수 있는 그 따위 말을 자유민주주의 국가 공무원이 하는 거요? 가령 고아원의 경우, 그 부모가 제 할 일을 못하니까 사회사업가들이 대신 하는 것이고, 정부는 그것을 감독하고 도와줄 뿐이지 그것을 어떻게 정부가 직접 한단 말이오!" 하며 고함을 질렀다.

때마침 담당 국장이 우리 앞을 지나가다 나의 고함소리를 듣고 놀라 나를 자기 방으로 가자고 하기에, 나는 들어가서 흥분을 가라앉히고 자초지종을 차분하게 설명했다. 그랬더니 그는 과장을 불러들여 우리 앞에서 당장 허가해 주라고 명령을 내리는 것이었다. 이리하여 드디어 1982년 6월 18일, '교남소망의집'의 설립인가가 나오게 된 것이다.

이때부터 사회복지법인 교남재단 사업은 날로 발전을 거듭했다. 그때부터 20여 년간 꾸준히 발전하여, 1983년에는 '교남학교'가 신설되었고, 1995년에는 '교남어유지동산'이 신설되었다. 더욱이 '교남어유지동산'이 서기까지는 피나는 노력과 고생이 있어야만 했다. 처음에는 강화도에다가 땅을 사가지고 시도했으나 인근 주민들의 완강한 반대에 부딪혀 무산되었으며 다른 후보지를 구하기 위하여 경기도 일대를 수없이 찾아 헤맸다. 그러다가 마침내 지금의 파주시 변두리에 정착하게 된 것이다. 그리하여 '교남재단'은 교남소망의집, 교남학교, 교남어유지동산 등 세 개의 사업체를 거느리는 큰 재단으로 발전한 것이다. 이는 마치 한 부모가 자식을 낳아 잘 양육하고, 학교에 보내서 교육을 잘 시키고, 직업을 가지게 하여 자립하는 것을 보고 흐뭇해하는 것과 같은 기쁨이 아닐 수 없다.

교남재단이 이렇게 되기까지에는 그 배후에 한 여성이 있었음을 우리는 잘 알고 있다. 독실한 신앙의 소유자, 강인한 의지와 탁월한 능력의 소유자, 조명진 원장이 있었기에 가능했던 것이다. 조명진 원장은 일찍이 이화여대 아동보육학과를 졸업하고, 보건복지부의 행정주사로 근무하기도 했으며, 모교인 경기여고의 경운상까지 수상한 바 있다. 그녀는 1969년부터 26년간 교남소망의집 운영만 아니라, 후원자 모집, 크리스마스카드 판매 등 기발한 아이디어로 교남재단의 재정확보에도 다대한 성과를 올렸다. 그녀는 1995년 교남어유지동산의 설립과 동시에 정년으로 퇴직했는데, 설봉 전택보 사장을 교남재단의 원시조라 한다면, 조명진 원장은 교남재단의 증시조라 해도 아무도 이의를 제기할 사람은 없을 것이다. 조명진 원장은 독실한 신앙인으로서, 교남소망의집의 가장 든든한 후원자인 람원교회의 창설 멤버 중의 한 사람이며, 그 교회의 권사이다.

조명진 원장의 뒤를 이어 원장이 된 황규인 여사는 1961년생, 1982년 22세 때 숭의여대 유아교육학과를 졸업하고 곧바로 교남소망의집에 발을 들여놓았다. 그 뒤 그리스도신학대학 사회복지학과와 가톨릭대학 사회복지대학원을 졸업하고 소망의집 총무를 거쳐서 원장으로 승진되었다. 그녀는 교남재단 산하의 기관장으로서는 최연소자이지만, 그녀의 타고난 재질과 정직하고 자상하고 자애로운 성품 때문에 그 담당업무는 질서정연하게 풀려나갔으며 소망의집의 기본 목적인 지체아들의 양육과 보호에 필요한 숙소, 식당, 의료·재활실, 상담실 등을 신설 또는 확장해 나가면서 소망의집을 국내에서 최우수 모범시설로 키워나갔다.

뿐만 아니라 황 원장은 재단사무국의 업무까지 도맡아 하면서 교남재단을 명실상부한 '건전 재단'으로 키워나가고 있다. 예를 들면 해마다 크리스마스카드 제작 판매, 연간 1,000여 명의 후원자 관리, 계간지 《소망》의 발간, 또한 아이들로 하여금 직업을 가지게 한 다음 네 명씩 묶어 한 가정을 이루게 하고 일반 아파트나 빌라에서 공동생활을 하게 하는 소위 '그룹홈'을 5개나 세웠다.

그리하여 교남소망의집은 2004년 현재 수용장애인 72명, 직원 43

명(자원봉사자 제외), 연간 운영예산액 13억 4,350만 원의 사업체로 성장했다. 그리고 교남재단 산하에는 세 개의 사업체가 있는데 그중 교남학교와 교남어유지동산은 소망의집에서 자라나 분가해 나간 작은집이라 할 수 있다 그리하여 국내에서만 아니라 멀리 선진국 영국에서까지 견학을 오는 사람들이 줄을 잇고 있다.

교남학교는 교남소망의집 아이들만 아니라 인근 가정의 부모 슬하에서 사는 장애아들도 다닐 수 있는 특수교육기관이다. 이 학교의 교장 이석무 씨는 1949년생으로 안동교육대학과 대구대학·대학원을 졸업하고, 1979년 정신지체아 특수학교 교사 자격을 취득했다. 이석무 교장은 전국특수교육현장연구대회의 공로표창을 받았으며, 2000년에는 대통령 표창을, 2002년에는 서울시 특수교육부문 서울교육상을 수상한 바 있다.

그는 1988년에 교남학교 제3대 교장에 취임했으나 정부 당국의 요청에 따라 특수교육 담당 장학관으로 끌려갔으며, 또한 1997년에는 국립정신지체아학교인 한국경진학교 교장, 교육부 특수교육정책과장(장학관) 등으로 10년간이나 국가공무원이 되기도 했다. 그러나 그는 1999년에 다시 교남학교 제5대 교장으로 복귀했다.

그는 교남학교에 복귀하자 국가 고급 공무원으로 있던 경험과 수완을 발휘하여 정부로부터 막대한 금액의 원조를 받아 낙후된 학교건물의 신축·확장에 성공했다. 뿐만 아니라 그는 교무행정의 컴퓨터화, 교사들의 기강확립을 통하여 교남학교를 국내에서 가장 알찬 학교로 만들기 위해 노력하고 있다. 학생수는 2004년 1월 현재 유치부·초등부·중등부·고등부 학생 도합 148명, 교직원은 41명, 연간 운영예산액은 22억 57만 2,000원이다.

교남어유지동산은 교남소망의집의 부설기관으로 출발했으나 지금은 원생수 47명, 직원수 15명 규모로 기숙사, 강당, 재활관, 창고, 온실, 비닐하우스 등 제반 시설로 약 1만 2,000여 평의 농지를 가지고 있으며 연간 총예산액 18억 2,771만 9,000원으로 운영되는 대규모 직업재활시설로 발전하였다.

초대 원장 김충묵 씨는 1935년생, 경기대학 출신으로서 1956년 계신중학교 교사를 시작으로 주내농업기술학교 교감·교장, 정희여자상업학교 교감, 서울한빛맹학교 교감, 교남학교 교장 등 41년간 평생을 교육계에 헌신했던 명망높은 교육자이다.

또한 김충묵 원장은 독실한 신앙인으로서, 주내교회 장로, 의정부 YMCA 이사, 한국교육자선교회 북부지역 회장, 서울강북노회 노회장 등을 역임한 기독교계의 중심인물이다. 이러한 공로로 그는 우암봉사상, 파수꾼의 상, 교육부장관상(3회), 남강교육상 등을 받았으며 1999년에는 정부로부터 국민훈장(목련상)을 수상하기도 했다.

그는 먼저 교남학교 제4대 교장에 취임했었다. 그러나 그는 교장직에 있을 때 아이들의 장래가 걱정이 되면서, 자신이 정년퇴직을 하기 전에 교육자 인생을 보람있게 마감해야 한다는 각오 아래 장애인 직업재활사업을 개척하기로 결심했다. 그리하여 오늘의 교남어유지동산을 세우고 그 초대 원장이 되었던 것이다.

그곳은 지금 원생이 47명, 직원이 15명으로 경작 면적은 약 1만 2,000평이다. 화훼, 채소, 약초 등 각종 1차 농산물과 메주, 된장, 과일즙 등 1차 농산물 가공품, 그리고 녹용, 녹혈, 벌꿀 등을 생산, 판매하면서 그 수입금으로 근로 장애인들에게 다양한 복지혜택(임금 등)을 제공하여 장애인들로 하여금 스스로 자활·자립할 수 있게 하고 있다. 또한 김충묵 원장은 교남재단의 상무이사로서 노고를 아끼지 않고 분주한 나날을 보내고 있다.

이와 같이 교남재단이 크게 발전한 데 대하여 나는 하느님의 은혜에 감사할 뿐이다. 과거를 회상하면, 교남재단의 일생은 옛날 구약시대, 요셉의 일생을 방불케 하는 점이 있다고 할 수 있다. 요셉은 야곱의 귀염둥이로 태어났으나 형제들의 미움을 받아 애굽으로 팔려갔었다. 그러나 그는 애굽왕 바로의 눈에 들어 일약 애굽왕국의 재상이 되었던 것이다. 마찬가지로 YMCA의 삼동부녀회관은 버림을 받아 거의 죽게 되었으나 설봉 선생의 은덕을 입어 교남소망의집에 와서 크게 발전됐기 때문이다. 이를 회상하면 하느님께 감사할 뿐이다.

끝으로 우리 교남의 식구들은 설립자 설봉 선생의 예수 사랑과 나라사랑의 정신을 오래오래 간직하고 살아야 할 것이다. 왜냐하면 그러한 정신없이 사회사업을 한다면 무의미한 것이 되고 말기 때문이다. 그 정신은 '교남'이란 이름 두 자에서도 찾아볼 수 있다. 나만이 아는 사실이지만, 그 어른이 태어난 마을 이름이 본래 '교남'이었다. 옛날 고려왕조 때 원님이 살던 주성에서 보면 그 마을은 남대천南大川 다리 건너 남쪽에 있는 마을이었기 때문에 교남촌橋南村이라고도 했고, 교월리橋越里라고도 했으며, 토박이 말로는 '다리건네'라고도 했던 것이다. 이러한 사실을 모르고서는 설립자 설봉 선생의 교남재단 창설의 깊은 뜻을 바로 알 수 없을 것이다. 우리 교남의 식구들은 이 정신을 결코 잊어서는 안된다.

이 원고는 비단 교남의 식구들만 아니라 사회사업에 종사하는 한국의 모든 사회사업가들에게 참고가 될까 해서 쓴 것이다.

2004년 8월

3. 복음동지회와 그 회원들의 신학노선

복음동지회는 1947년부터

서울 동대문구 5가에 있는 복음교회 목사 사택에서 몇몇 동지들이 모여 신학서적을 같이 읽고 신앙문제를 토론하다가 1948년 1월 12일 조직된 단체이다. 맨 처음 회원은 복음교회 목사 지동식池東植을 비롯하여 그의 일본신학교 동창인 문익환文益煥, 문동환文東煥, 이영헌李永憲, 박봉랑朴鳳浪, 김관석金觀錫, 김철손金喆孫, 전택부全澤鳧 등과 그들과 일본에서 가까이 지낸 장하구張河龜, 안병무安炳茂, 유관우劉寬祐 등이 모여 만든 친교단체이다.

1950년 6·25사변이 일어나기 1년 전부터 나라에 큰 위기가 닥쳐올 것을 예감한 나머지, 우리는 설혹 이 나라가 공산화 되더라도 지하에서 복음을 전하면서 싸우리라는 각오로 '임마누엘단' 이라는 비밀결사를 조직, 전단을 만들어 교회와 학교와 그 주변에 뿌리고 전차 속의 광고란을 사 가지고 경고문을 선포했다. 이 때 행동부대로서는 동지들이 소속된 교회와 학교의 남녀·친지 또는 학생들이었으며 발행자 명의는 밝히지 않고 비밀마크로 표시해서 배후에 어떤 강력한 지하조직이 있는 듯한 느낌을 갖게 하는 위장전술을 썼다. 이 때 회원들은 30대 전후의 젊은이들이었다.

회원들은 4·19후퇴 이후, 부산으로 피난을 갔다가 서울 환도 이후에 다시 모이기 시작했다. 1956년에서 1969년 사이에 장윤철張允哲, 장준하張俊河, 전경연全景淵, 김덕준金德俊, 홍태헌洪泰憲, 백리언白利彦, 김정준金正俊, 이호운李浩雲, 윤성범尹聖範, 이병선李炳善, 유동식柳東植, 유재선劉載善, 서남동徐南同, 박대선朴大善, 김용옥金龍玉, 이재면李載冕, 고영춘高永春, 김찬국金燦國, 조선출趙善出, 이여진李如眞, 박창환朴昌煥, 김하태金夏泰, 이장식李章植, 문상희文相熙, 지원용池元龍 등 각 교파신학교의 중진 신학자들을 거의 다 회원으로 삼았다.

1956년부터는 월례회로 모이는 동시에 회보를 발행했다. 그러나 회장도 어떤 회칙도 없는 무두회無頭會, 자원봉사체제로 운영됐다. 그리고 그해부터는 복음동지회라는 회명을 내세워서 임마누엘 신앙강좌를 열기 시작했으며, 강좌의 제목과 성격을 '한국교회가 당면한 기본문제의 신학적 해명'으로 규정했다. 제1회 신학강좌의 제목은 "성령론", 강사는 문익환(신약에 있어서의 하느님의 영), 지동식(사도시대의 성령), 윤성범(성령론), 이병섭(신비주의 성령), 이호운(한국교회와 성령문제) 등으로 하여 남산감리교회에서 10월 22일부터 27일까지 5일간 계속했다.

제2회 임마누엘 신학강좌는 1957년(10월 28일-11월 2일) 남산감리교회에서 "기독교 윤리관의 수립"이란 제목으로 김정준(구약의 윤리관), 김용옥(신약의 윤리관), 장하구(기독교 윤리의 본질), 이재면(기독교윤리와 교육정신), 전택부(한국교회의 윤리문제) 등으로 했으며, 제3회 강좌는 1958년(11월 17-22일) 남산감리교회에서 "종말론"이란 제목으로, 서남동(현대신학에 있어서의 종말론), 박대선(구약의 종말론), 전경연(복음서의 하느님 나라 종말론), 지동식(사도바울의 종말론), 김철손(한국교회의 미래시상) 등으로 했으며, 제4회 강좌는 1959년(11월 9-14일) 남산감리교회에서 "세례론"이란 제목으로 윤성범(예배의 본질), 박창환(예배와 설교), 이장식(예배와 성례전), 김하태(예배와 의식), 고영춘(한국교회와 예배) 등으로 했다.

더 거슬러 올라가 1949년부터는 '임마누엘총서'도 발행하기 시작했는데 제1집은 『마르틴 루터의 그리스도인의 자유』(박봉랑 역, 1949), 제2집은 『칼 바르트의 그리스도인의 생활』(지동식 역, 1959), 제3집은 『칼 바르트의 교회와 예배』(장하구, 1955), 제4집은 『구약성경의 인간관』(김정준, 1957), 제5집은 『성령론』(문익환, 지동식, 윤성범, 이병섭, 이호운, 공저, 1959)을 발행했다.

한편 1957년 5월부터는 성서번역에도 손을 대기 시작했다. 우선 신약의 마태복음부터 시작했는데 번역위원으로는 박대선(위원장), 김정준(서기), 지동식, 전경연, 김용옥, 문익환, 김철손, 윤성범, 박창환, 조선출, 고영춘 등이 활동했다. 장하구는 마가, 이여진은 누가, 지동식은 요한, 박창환은 고린도전후, 윤성범은 갈라디아·에베소·디도·빌레

몬, 박대선은 빌립보·골로새·디모데전후, 고영춘은 데살로니가 전후, 김정준은 히브리, 문익환은 야고보·베드로전후·요한서신, 정경연은 요한계시록을 맡아 번역 초안을 만들기로 했다.

1958년 3월 월례회의에서는 1958년 11월 복음동지회 창립 10주년 기념식 때까지 우선 마태복음만이라도 출간한다는 목표아래 번역의 능률화를 위해 장하구, 김철손, 박창환, 문익환 등으로 소위원회를 구성했다. 그러나 1960년 초여름에 이르러서야 비로소 마태복음의 초역과 독회를 마쳤는데 1961년 1월 25일 '마태의 복음서' 3,000부가 출간되기까지는 116회의 독회를 가져야만 했다. 이것은 순전히 한국신학자들의 독자적인 노력으로 이루어진 한국 최초의 작품이었으며, 순 원어를 가지고 번역한 최초의 성서이기도 했다.

한편 대한성서공회는 이에 자극을 받아 1960년부터 신약성서 새번역에 착수했다. 그 번역의 전문위원으로서 전경연, 김철손, 박창환 등 3명을 요청해왔기 때문에 복음동지회는 쾌히 수락했다. 한편 복음동지회는 이 번역사업이 막대한 재정적 뒷받침 없이는 불가능하다는 판단 아래 신약성서 번역사업을 대한성서공회에 맡기기로 하고, 또한 문익환을 구약성서의 번역위원으로 파송하기도 했다.

이와 같이 복음동지회가 대대적으로 시작했던 성서번역 사업을 중단한 것은 일개 시설 단체로서의 한계성을 느꼈기 때문이기도 하지만 선교 100주년을 앞두고 칼 바르트 등 서구신학자들의 소개나 연구에 그치지 않고 자신의 신학을 전개하고 연구할 시점에 이르렀음을 느끼게 되었기 때문이다.

　이와 같은 복음동지회 회원들의 의식변화는 급속이 변화하는 국내의 정치적·사회적 변화에 기인한 바도 컸다. 4·19 이후의 자유당정권의 붕괴, 5·16 이후의 군사정권의 등장, 급속한 산업화와 도시화 현상, 기독교신자의 인구 증가, 공산주의와 민족의 통일, 교회의 대형화, 신앙의 기복화현상, 개인구원보다 사회구원이 더 중요하다는 정치참여의 사상, 제2차 바티칸 공의회에 의한 가톨릭의 현대화, WCC의 에큐메니칼운동과 토착화신학, 세속화 운동, 신의 죽음의 신학, 평신도 신학, 정치신학, 해방신학, 혁명의 신학 같은 급진신학 등 국내·외의 정치적·사회적·문화적 변화의 영향을 크게 받은 것이 사실이다.

　그리하여 한국교회는 초창기부터 1960년대까지 서구 선진국의 신학의 전통 즉 바르트, 불트만, 브룬너, 틸리히, 니버 등의 신학을 배운 대로 이해한 대로 소개하고 추종하는 것이 대부분 신학의 주류였으나 이제부터는 한국의 신학을 주체적으로 한국의 전통문화와 재래종교와 정치적·사회적 시대적 특수성과 접목하여 발전시켜야 한다는 자각과 반성이 크게 일어나게 된 것이다.

　이런 분위기 속에서 대한기독교서회가 1957년부터 월간지 《기독교사상》을 발간하기 시작했는데 최초의 편집위원 6명 중에 김하태, 전경연, 박창환 등 복음동지회 회원들이 3명이나 있었고, 김관석에 이어 유동식은 1962년부터 8년간이나 출판부장 겸 주간으로 시무하면서 한국 기독교사상 연구발전의 기초를 닦아놓았다.

한편 복음동지회 회원 안병무가 독일에서「공자와 예수의 사랑에 관한 비교연구」라는 논문으로 박사학위를 받고 귀국한 뒤 1973년 한국신학연구소를 개설하는 동시에 계간지《신학사상》을 창간함으로써 한국적 신학 수립의 포문을 열었다.

이에 대하여 같은 복음동지회 회원이면서 같은 한국신학대학의 교수였던 김정준을 "우리와 같이 짧은 역사를 가진 신학소년은 남의 노작을 존경하고 부지런히 배우는 노력을 아끼지 아니한다. 그러나 모방신학을 하기 위함이 아니라 우리의 것을 창조하는 밑거름으로 삼고자 하는 것이다."라고 평하면서 '한국신학' 의 태동을 고무적으로 논평했다.

한국기독교장로회의 한국신학대학 교수들은 우선 현실과 역사에의 참여라는 선교적 차원에서 민중신학을 개척했다. 그 대표적인 신학자는 서남동이다. 1973년 5·16혁명과 유신체제 하에서 소위 '한국그리스도인의 선언' 을 선포했다. "우리는 하느님을 눌린 자들, 약한 자들, 가난한 자들을 반드시 의義로 보호해 주시는 분이며 역사에 있어서 악한 세력을 심판하시는 분으로 믿는다. …불의한 권력은 무너지고 메시아의 나라가 올 것과 가난한 자들, 눌린 자들, 멸시받는 자들의 안식처가 될 것을 믿는다……."라는 선언문을 선포했다. 동시에 그가 주창한 민중신학의 윤곽은 대략 다음과 같다.

첫째, 민중과 자기를 동일시한 예수의 십자가 사건은 민중의 자력적 해방이요 영구적 혁명이다. 그러므로 민중신학의 주제는 예수가 아니라 민중이다. 둘째, '신령의 제3시대' 는 탈기독교 시대의 참다운 혁명은 민중 자신이 깨어나서 자기의 힘으로 해방과 인간화를 이룩해야 한다. 셋째, 한국 민중운동사적 전례로서는 동학운동을 정점으로 하여 3·1운동과 4·19혁명 등을 들 수 있으며, 판소리와 탈춤 등에서 민중운동사의 내면적 혼을 통찰해야 한다고 주장했다.

안병무도 민중신학의 개척자이다. 서남동의 민중신학이 교의학적 역사철학적 입장에서 출발한 데 비하여 안병무의 민중신학은 신약성서의 재해석 작업에서 시작됐다. 그리하여 그는 자신의 계간지 《신학사상》에서 "민중신학은 성서의 재발견과 한국 민중의 재발견이 마주침으로 생겨난 것이다. 다른 말로 하면 한국 민중의 현장이 성서의 민중성격을 발견하게 했다."고 간파했다. 어쨌건 안병무와 서남동은 한국 기독교장로회 한국신학대학이 배출한 민중신학의 두 거장들이다.

문익환과 장준하도 한국신학대학 출신들이다. 그들은 민중신학의 급류를 타고 나타난 민주화운동가들이다. 문익환은 구약성서학자로서 구약성서의 선지자들의 목소리와 합창을 하면서 민주화전선의 야전사령관 구실을 했다. 장준하는 일정 때 학병에 끌려갔다가 탈출하여 광복군에 가담하고 김구 등 임시정부 요인들과 같이 환국하면서 독립운동과 민주화운동을 동시적으로 추진했다. 그는 우선 《사상계》를 창간하는 동시에 민주화언론의 선봉에 섰으며 국회에까지 진출하여 한국의 민주화운동을 주도했다. 문동환도 국회에 진출하여 일선에서 뛰었다. 국회에 진출하지는 않았으나 민주화전선에서 뛴 신학자로서는 김관석과 김찬국도 손꼽을 수 있다.

한편 대한감리회와 감리교신학대학 측에서는 '종교신학'이 태동됐다. 이 신학의 선봉적인 신학자는 윤성범이다. 종교신학의 발상은 한국의 재래종교와의 만남, 그리고 급증하는 불교인구, 기독교인구 기타 토속종교의 부상으로 인한 필연적인 현상이기도 했다.

윤성범은 우선 이러한 종교사적 유산과 현실 속에서 한국적 신학을 모색했다. 그는 유교와의 만남을 소재로 삼았다. 誠誠의 신학이 그것이다. 그는 한국의 종교를 주요시한다. 그가 말하는 한국 종교는 유·불·선 3교인데, 그중에서도 그는 유교의 성誠을 한국종교의 대표 개념으로 삼았다. 성의 개념은 서구신학의 '계시'와 동등한 성경의 것이며 "성誠이란 글자를 풀이하면, 말이 이루어짐을 뜻한다. 말하자면 성은 곧 성육신成肉身의 로고스에 해당된다."고 했는데 전체적으로 보아 그의 한국적 신학의 윤곽은 유교적인 개념을 가지고 칼 바르트의 신학을 새로이 번역한 것이 된다.

이에 비해 같은 감리교신학대학의 유동식은 무교巫敎를 매개로 종교신학을 추구했다. 무교는 고대로부터 오늘날까지 한국문화의 의식구조를 지배해 오고 있는 종교이며, 우리 생활문화의 저변에 깔려 있으면서 오늘날까지 우리에게 영향력을 발휘하고 있다는 판단 아래 유동식은 신라시대의 풍류도風流道를 소재로 삼아 풍류신학을 시도했다. 그는 「한국종교와 한국신학」이란 논문에서 다음과 같이 말한다.

창조주 하느님은 인격적 주재자로서의 자유로운 영이시며(요 4:24),

생명과 정의와 평화와 빛이시며(요 1:5), 창조적 사랑이시다(요일 4:16). 그러므로 하느님의 우주 창조의 목적은 자유와 평화와 사랑으로 구성된 영체靈體의 실현에 있으며, 우주의 역사는 그 과정사이다. … 그런데 하느님께서는 단 하나의 길만을 열어주신 것이 아니다. 여러 가지 길을 주셨다. 하느님께서는 예전에 예언자들을 통하여 여러 번 여러 가지 모양으로 우리 조상들에게 말씀하셨다. 그러나 마지막 시대에 와서는 당신의 아들을 통해서 우리에게 말씀하셨다(히 1:1-2). 하느님의 말씀이 곧 도道요, 계시다. 그리고 동양인들에게는 동양의 선지자들을 통해 길을 열어주셨다. 불도, 유도, 노장도 등이 그것이다. … 도는 하나이지만 그것이 다양한 것은 민족마다의 경험과 문화가 다양하기 때문이다. … 한국인이 받은 길은 최치원崔致遠의 풍류도風流道라 한다. 바람 風, 흐를 流, 길 道로써 표현했다. 바람이란 신령을 뜻한다. 풍류도란 다름 아닌 영성의 흐르는 길이다."

유동식은 이러한 판단 아래 풍류신학을 주장했던 것이다.

이와는 달리 서구신학을 배운 대로 아는 대로 깊이 있게 폭넓게 가르치는 신학자들도 있다. 칼 바르트의 '말씀의 신학'을 중심으로 한 연세대학 신학부의 지동식 교수, 한국신학대학의 전경연 교수와 박봉랑 교수, 서구의 성서신학을 심도 있게 소개하고 발전시킨 감리교신학대학의 김철손, 김용옥, 장로교신학대학의 박창환 교수 등이 손꼽힌다. 김덕준과 이병섭 교수 등은 중앙신학대학(현 강남복지대학)과 이화대학에서 사회복지신학을 발전시켰다. 김덕준은 한국사회학회 초대회장과 강남사회복지대학의 학장도 역임했다.

또한 한국교회사 연구에 공헌한 회원들도 있다. 이영헌은 『한국기독교사』를 쓰고 장로교신학대학의 교회사 담당교수로서 한국교회사를 가르쳤고, 이장식은 『한국교회의 어제와 오늘』과 『대한기독교서회의 백년사』를 쓰고 한국신학대의 담당교수로 한국교회사를 가르쳤다. 한국교회사의 연구는 백낙준, 김양선, 오문환 등에 의하여 개척되었다고 할 수 있는데 필자도 한 몫을 했다. 필자는 '한국기독교백년사대계'의 4권 중 제1권인 『한국교회 발전사』를 쓰기도 했다. 그리고 장하구는 일정 때의 경성제국대학(현 서울대학교)의 출신으로서 독일유학까지 한 쟁쟁한 학자 출신이지만 학계를 떠나 출판사업에 뛰어들어 종로서적의 창업자가 되었다. 그리하여 그는 처음부터 복음동지회의 운영과 재정을 도맡으면서 회원들의 경제문제, 친목 유지 및 결속에 이바지했다. 지동식이 복음동지회의 실질적인 회장이라고 하면 장하구는 복음동지회의 실질적인 사장 구실을 한 셈이다. 그는 기독교장로회의 장로로서 한국신학대학의 이사장도 지냈다.

복음동지회에는 한평생 신학과 목회와 교육을 동시적으로 실천한 회원들이 있다. 지동식, 박대선, 김정준 세 사람이 여기에 해당된다. 우선 지동식은 일본의 우치무라 간조內村鑑三와 한국의 최태용崔泰鎔의 무교회주의 사상에 감명을 받아 중학시절부터 무교회주의 신앙인으로 출발했다. 그러나 스승 최태용이 교회주의로 전환하여 '기독교조선복음교회'를 창립함에 따라 그의 추천으로 일본신학교에 입학했다. 그는 그

학교에서 에밀 브룬너와 칼 바르트 등의 신학을 집중적으로 연구하고 칼 바르트의 사상을 나름대로 소화한 「선교론」이란 논문으로 1940년 졸업식 때 졸업논문상을 받기도 하였다.

그러나 그는 귀국한 뒤 곧 바로 목회전선에 뛰어들었다. 제일 먼저 전라도의 금마복음교회를 시작으로 하여 목회를 시작했다. 이후에 함경도 산간벽지의 운림복음교회 · 서울복음교회의 전도사가 되었고, 1950년부터는 서울복음교회의 담임목사가 되었다. 그리고 그는 '기독교조선복음교회'의 제2대 감독(이사장)을 지냈고, 한국 NCC 회장을 역임했다. 목회만 아니라 그는 평생 신학연구와 교육의 길을 걸었다. 백낙준 박사의 특청으로 연세신학대학 교수가 된 이래 1976년 퇴임할 때까지 30년간 연세신학의 발전과 목회자 양성에 헌신했다. 그는 '홍익인간弘益人間'을 연세신학의 정신으로 삼고 한국적 목회신학을 개척했다.

그러기에 그는 저 멀리 산간벽지의 전라도 금마金馬와 함경도 운림雲林에까지 가서 목회를 할 수 있었다. 그가 담당한 교수 과목은 실로 광범위했다. 그는 일본 외에는 미국이나 영국 등 외국에 가 본 적도 없지만 타고난 재질과 노력으로 칼 바르트의 신전통신학과 교의학, 목회학, 성서신학을 비롯하여 히브리어, 희랍어, 라틴어 등을 가르쳤다. 한국신학대학에는 김재준 학장이 있었고, 감리교신학대학에는 홍현설 학장이 있었고, 연세신학대학에는 지동식 학장이 있었다. 그러기에 그의 제자들은 지동식을 '연세신학의 아버지'라 부르기도 했다. 그리하여 그의 모교 일본신학대학에서는 그에게 명예신학박사 학위를 주었고 대한민국 정부는 그에게 국민교육훈장 동백장을 수여하기도 했다.

둘째로 박대선은 조부로부터 손자까지 5대 목사 가정으로 유명하다. 그는 청소년기 아버지 박상동朴尙東 목사를 따라 일본에서 초등학교, 중학교, 고등학교를 졸업했다. 이어 간사이關西신학원의 법문학부 영문과를 거쳐 신학부를 졸업한 뒤, 목사가 되었다. 귀국하여 곧바로 평양에 있는 창광신학교 등에서 히브리어와 영어 등을 가르쳤다. 6·25 이후 도미해서는 보스턴 신학교에서 구약학을 전공하고 신학박사 학위를 받았다. 귀국한 후 그는 감리교신학대학에서 구약학을 강의하면서 목회자 양성에 힘을 쏟았고, 1964년에는 연세대학교 제4대 총장으로 취임하여 11년간이나 총장직을 역임했다. 1975년 석방 교수 및 학생들에 대한 복직 복학 문제로 교육부 당국과 정면 대립한 박대선 총장은 그들의 복직 복학을 단행하고 총장직에서 자진 사퇴했다.

이와 같이 그는 신학과 교육을 동시적으로 실천하면서 목회에도 온 힘을 쏟았다. 6·25 이전에는 평양에서 창광산교회, 중앙교회, 서태양교회의 목사였고, 월남한 후에는 광희문교회 신애교회 등 여러 교회에서 목회를 했다.

뿐만 아니라 그는 기독교대한감리회의 감독을 위시하여 고려대학교의 명예법학박사 학위 취득하고 YMCA 회장, 한국선명회 회장, 기독교학교연합회 회장을 역임했다. 일본 국제기독교대학에서 명예문학박사 학위를 취득한 후에는 한국유도연맹 회장 그리고 대한민국 정부로부터 국민훈장 목단장을 수여받기도 했다. 이와 같이 그는 목회에 있어서는 한 교회의 목사로부터 대교단의 감독까지, 학문에 있어서는 신학박사로부터 문학박사, 법학박사까지 또한 일반사회에 있어서는 한국유도연맹회장, YMCA 회장까지 실로 광범위한 분야에서 최고 최대의 명예와 업적을 석권했다. 이러한 사람은 그 외에 찾아보기 어려우리라 여겨진다.

셋째로 김정준은 숭실중학교 시절 평양에서 송창근宋昌根 목사를 만나 그의 지도로 일본 아오야마青山신학교에서 신학 공부를 시작했다. 그 뒤 그는 캐나다에 가서 빅토리아대학과 임마누엘대학, 토론토대학에서 공부했고 독일의 하이델부르크 대학, 영국 에딘버러대학에서 신학박사 학위를 받았다.

『나의 투병기』, 『예수전』, 『구약성서의 인간관』, 『고난과 경건』, 『이스라엘 신앙과 신학』, 『시편 명상』등 26여 종의 저서를 남겼고 번역서로는 『어거스틴의 참회록』등 17종을 냈다. 논문은 이루 다 헤아리기 어려울 정도로 다양하다. 그리하여 그는 신학계에서 '화려한 신학자'라는 찬사를 듣기도 한다.

그는 또한 충실한 목회자였다. 경북 김천 황금동교회와 서울 성남교회 등 스승 송창근 목사가 개척한 교회를 비롯하여 연세대학교 대학교회 등 많은 교회에서 목회를 계속했다. 그리고 그는 김재준金在俊 학장의 뒤를 이어 한국신학대학의 학장이 되어 학교 발전에 크게 공헌했다. 그런데 그는 학교 운영을 경영학적으로 하지 않고, 신앙적으로 또한 제도와 학칙을 초월하여 영감과 예지로 했다. 하나의 예로서 필자가 겪은 일이 있다. 부산 피난 때 1년만 공부하고 졸업장을 달라면서 입학원서를 냈다가 그의 동료 교수들에 의하여 퇴짜를 맞았는데, 그가 학장이 되면서 대학졸업장도 없는 필자를 강사로 기용하여 한동안 학교 강단에 선 것이다.

그는 또 시인이기도 했다. 『나의 투병기』란 책을 낼만큼 한평생 신병으로 고통을 받았지만 그는 그 신병을 초탈과 은혜, 빛과 생명으로 승화시켰다. 그는 '삶에 이르는 병으로서의 문학'의 길을 연 신앙시인이다. 그는 지루한 투병생활 중 아침에 눈을 뜨면 지난밤에도 죽지 않고 또 살았구나 하는 감사와 감격으로 '아침 찬송'이란 가사들을 지었는데 이런 가사들이 나운영 작곡으로 널리 불려지고 있다. 다음은 「내가 죽는 날」이라는 그의 시이다.

내가 죽는 날은
비가 와도 좋다
그것은
내 죽음을 상징하는 슬픈 눈물이 아니라
예수의 보혈로 내 죄 씻음을 받는 감격의 눈물!

내가 죽는 날은
바람이 불어도 좋다
그것은 내 모든 이 세상 시름을 없이 하고
하늘나라 올라가는 내 길을 준비함이라

이 시는 지금도 죽음을 앞에 놓고 공포에 떠는 우리 모두의 가슴속에 살아 움직이고 있다.

필자는 다른 회원들과는 달리 신학자도 교수도 아닌 상식인이라는 것이다. 목사도 아닌 재야의 순수한 평신도임에도 불구하고, 에큐메니칼 운동 차원에서 『한국에큐메니칼 운동사』를 썼고, 『한국기독교청년회 운동사』를 썼다. 그리하여 평생 YMCA운동을 했다.

그리고 필자는 토착화운동 차원에서 『토박이 신앙산맥』을 세 권이나 썼고 이상재를 한국적 그리스도상의 대표적인 인물로 보고 『월남 이상재의 삶과 한마음정신』이란 전기를 썼다. 그래서 평생 한글운동을 했다. 왜냐하면 하느님께서 세종대왕을 배달민족을 위하여 선지자로 보내셨다고 믿기 때문이다. 그리고 세종대왕이 창제한 한글의 기본원리인 천지인天地人 삼재三才 즉 하늘, 땅, 사람의 합일정신이 기독교의 성부, 성자, 성신 삼위일체의 합일정신과 일맥상통하는 데가 있다고 생각한다. 한글은 우리 민족만 아니라 고유의 말은 있으되 문자가 없는 수많은 세계 약소 민족들의 복음화를 위해서는 가장 배우기 쉽고 과학적인 문자이다. 그렇게 믿기 때문에 한글운동에 헌신해왔다. 그리하여 필자에게 있어서 한글운동은 단순히 국어학적·언어학적 문제가 아니라 종교적·신앙적 문제, 정의와 자유와 민주화의 문제로 다루어진 것이다.

2003년 12월

4. 한글의 성서적 의미

논문의 제목을 「한글의 성서적 의미」라고 정해 놓고 보니 겁부터 난다. 문자는 말을 바로 기록하기만 하면 되지, 어찌하여 그 이상의 의미를 찾는다는 말인가?

성서는 하느님의 말씀을 기록한 책이다. 하느님의 말씀을 제일 먼저 문자로 기록한 사람은 모세다. 하느님은 모세에게 말씀하시기를 "너는 이 말들을 기록하라 내가 이 말들의 뜻대로 너와 이스라엘과 언약을 세웠음이니라(출 34:27)"라고 하셨다. 그래서 기록된 책이 창세기, 출애굽기 등 모세오경五經이다. 이것은 히브리어 문자로 되어 있다.

유교의 사서삼경四書三經은 공자, 맹자 등 성현들의 언행을 문자화한 책이다. 이것은 중국인의 문자인 한자로 기록되었다. 불교의 경서는 석가모니와 그 제자들의 언행을 기록한 책인데, 이것은 인도인의 고자古字인 범자梵字로 기록되었다. 만약 문자가 없었다면 성현들의 언행은 후세에 전해지지 못했을 것이다.

이와 같이 문자는 동서고금을 막론하고 인간이 하느님의 말씀과 성현들의 언행을 들을 수 있게 하는 도구인 것이다. 그런데 우리 한글도 수많은 문자 중의 하나이다. 한글도 다른 문자들과 마찬가지로 말을 똑바로 사실대로 기록하기만 하면 된다.

그런데 나는 어찌하여 한글에다 성서적 의미를 부여하려고 하는 것인가? 이때까지 어느 한글학자로 하지 않은 것을 세계 어느 신학자도 언어학자도 하지 않은 일을 하려는 것인가? 이것은 순 억지가 아닌가? 이렇게 자문자답을 하면서 이 논문을 쓰는 것이다. 나는 이 논문이 한 상식인의 논문일 뿐이라는 것을 말해 둔다.

(1) 말의 역사와 문자의 역사

말의 역사는 인간의 창조와 더불어 시작되었다. 인간의 창조에 관한 이야기는 기독교의 구약성서가 잘 말해 준다. 구약성서는 창세기, 출애굽기 등 모세오경과 이사야서, 다윗의 시편 등 모두 39권의 책으로 되어 있는데, 인간의 창조에 대한 이야기는 구약성서의 첫째 책 창세기에 있다.

태초에 하나님이 천지를 창조하시니라(창 1:1).

하나님이 자기 형상 곧 하나님의 형상대로 사람을 창조하시되 남자와 여자를 창조하시고(창 1:27).

그 때는 창조된 천지 만물 중에 오직 인간만이 말을 할 수 있는 존재였다. 오직 인간만이 하느님의 말씀을 알아들을 수 있고 대화할 수 있는 존재였다. 인간은 다른 인간과도 말을 서로 주고받을 수 있었다.

그 때는 인간의 언어가 하나밖에 없었다. 창세기 기자는 "온 땅의 언어가 하나요 말이 하나였더라"(창 11:1)라고 했다. 그러나 노아 홍수 이후 인구가 자꾸 늘어나고 사방으로 흩어져 도시를 많이 세우는 바람에 여러 가지 방언이 생겨 서로 말을 알아들을 수 없게 되었던 것이다(창 11:7-9).

이와 같이 말의 역사는 인간의 창조 때부터 시작되었지만 문자의 역사는 고작 5,000-6,000년밖에 안 된다. 유네스코(UNESCO)의 연구 조사에 따르면 세계의 언어는 약 8,000개가 있으나 문자는 약 2,500개밖에 안 된다. 세계에 문자 없는 민족이 5,000-6000개나 된다는 것이다.

그런데 그 문자들은 크게 뜻글자와 소리글자 두 종류로 나누어진다. 뜻글자는 상형문자象形文字와 표의문자表意文字 둘로 나누어지고, 소리글자(표음문자)는 음절문자音節文字와 음소문자音素文字로 나누어진다.

뜻글자라는 것은 하나하나의 글자가 뜻을 가지고 있는 글자이다. 그중 상형문자는 이집트문자와 중국의 고자古字와 같은 것인데, 그것은 글자의 모양이 곧 실물의 모양과 부합되는 것이며, 그중 표의문자는 추상적 사상事象 즉 눈으로 보고 그림으로 그릴 수 없는 것을 어떤 부호로써 그 뜻을 나타내는 글자이다. 중국인의 한자에서 그런 문자를 많이 볼 수 있다.

한편 소리글자는 언어의 소리를 나타내는 글자이다. 하나하나의 글자에는 아무런 뜻이 없다. 언어가 지니고 있는 두 가지의 요소, 즉 발음과 뜻 중에서 발음만을 나타내는 글자이다. 그리고 소리글자 중의 하나인 음절문자는 한 글자가 한 음절을 나타내는 글자인데, 일본인들의 문자인 '가나'와 '글안契丹' 문자가 그런 문자이다. 그리고 음소문자는 한 음절이 다시 닿소리와 홀소리로 분석되는 글자이다. 로마자와 그리스문자와 우리의 한글 등이 그런 문자이다.

음절문자와 음소문자가 다 같은 소리글자이지만 그 차이는 아주 크다. 예를 들어 일본의 '가나'는 하나하나의 음절이 하나하나의 문자인 동시에 닿소리와 홀소리 두 문자로 분석이 되지 않는다. 가령 'カキクケコ'의 경우 우리의 한글로는 '가·기·구·게·고'가 되는데, 하나의 공통된 닿소리 'ㄱ'과 'ㅏ·ㅣ·ㅜ·ㅔ·ㅗ' 등 다섯 개의 홀소리로 분석이 된다. 로마자에 있어서도 'KA·KI·KU·KE·KO' 등 하나의 공통된 닿소리 'K'와 'A·I·U·E·O' 다섯 개의 홀소리로 분석이 된다.

일본문자인 '가나'는 모두 50개이다. 이에 비해서 로마자 영어는 19개의 닿소리와 5개의 홀소리를 합하여 모두 24개밖에 안 되며, 우리의 훈민정음은 17개의 닿소리와 11개의 홀소리, 모두 합하여 28개밖에 안 된다. 그러나 그 소리의 표현, 즉 그 표음력은 일본문자는 불과 300개인데 비하여 우리 한글은 무려 8,800개의 소리를 낼 수 있다는 것이다.[1] 로마자도 표음력에 있어서는 우리의 한글을 따라갈 수가 없다.

문자의 기원과 발전과정은 다음 5기로 나누어진다. 제1기는 기억 동기시대, 제2기는 그림문자시대, 제3기는 상형문자시대, 제4기는 표의문자시대, 제5기는 표음문자시대이다.

제1기 기억동기시대는 기억을 더듬어서 의사소통을 하는 시기로서, 매듭이나 막대기 등을 서로 주고받으면서 의사소통을 하였다.

제2기는 그림문자시대인데, 하나하나의 사물을 그림으로 표시하면서 의사소통을 하는 시기이다. 이것이 제4기인 표의문자시대 즉 뜻글자시대까지 발전된 것이다. 이와 같이 뜻글자는 오랜 시대를 거쳐서 서서히 발전되었던 것이다. 그 대표적인 글자가 곧 중국의 한자이다.

제5기 표음문자는 표의문자보다 더 진보된 문자이다. 표음문자는 소리글자인데, 그 대표적인 글자가 곧 로마자와 우리의 한글이다. 로마자는 오늘날 전 세계를 지배할 정도로 그 세력을 떨치고 있다. 국력을 타고 온 지구촌에 널리 퍼지고 있다. 우리의 한글에게도 그런 날이 꼭 오리라고 나는 믿는다. 왜냐하면 한글은 로마자보다 훨씬 더 우수하기 때문이다.

(2) 언어학적으로 본 한글의 우수성

한글은 첫째로 현존하는 세계의 문자 2,000여 개 중 그 제작자와 생일이 분명한 문자이다. 위에서 말한 바와 같이 세계의 모든 문자는 많

---

1) '한글날을 국경일로' 셋째 매, 이해찬 총리, 한글반포 558돌 기념식사, 2004, p.20

은 사람들에 의하여 또 여러 세기를 거쳐서 만들어졌다. 그러나 한글은 세종대왕이 음운 연구를 위하여 집현전 학자들을 명나라에 파송하는 등 시간이 조금 걸렸을 뿐 단시일 내에 창제되었던 것이다. 세종대왕은 1443년에 훈민정음의 제작을 마치고, 1446년 10월 9일에 이를 반포했다. 한글은 세계 문자들 중 제일 나중에 또 제일 단시일 내에 창제된 문자이다. 이를테면 임신 기간과 부모의 생일이 확실한 사람과 같은 존재인 것이다.

둘째로 한글의 우수성을 세종대왕의 훈민정음 반포문의 서문에서도 잘 나타나 있다.

우리나라의 말소리는 중국과 달라서 중국어를 적는 글자인 한자로써는 우리말을 적을 수 없다. 그러므로 우리 백성은 글자가 없어서 말하고자 하는 말이 있어도 자기의 뜻을 발표하지 못할 사람들이 많다. 내가 이 사정을 딱하게 여겨 새로 스물여덟 자를 만드니, 이것은 누구나 쉽게 익히고 일상 글자생활을 하는 데 편의를 도모하려는 것이다."[2]

여기서 우리는 한글이 단순히 말의 기록이나 의사소통이란 차원을 넘어 인권과 자유, 민족과 독립을 위해 만들어졌다는 사실을 알 수 있다. 그러므로 한글은 다른 문자들과는 비교할 수 없는 독특한 문자인 것이다.

---

2) 허웅,『한글과 민족문화』, 세종대왕기념사업회, 1974, p.61

셋째로, 한글은 가장 배우기 쉽고 쓰기 쉽고 가장 과학적인 문자이다. 이 점에 대해서는 긴 설명이 필요 없다. 다만 여기서는 한국을 찾아왔던 외국의 초대 선교사들의 증언만을 들어본다.

먼저 역사가이며 『한국천주교회사(韓國天主敎會史)』의 저자인 프랑스인 샤를르 달레(Claude Charles Dallet, 1829-1878)는 그의 저서의 머리말에서 한국인의 글자는 알파벳과 같은 글자이므로 한국의 지명이나 인명을 이해하기에 아주 쉬운 글자라고 말한 다음, 아래와 같이 덧붙였다.

한글은 무시당하고 업신여김을 받는다. 이 이상한 사실은 이 나라의 역사로 설명이 된다. 두 세기도 더 전부터 조선은 너무나 중국에 예속되어 와서 한문이 조선정부와 상류사회의 공용어가 되기에 이르렀다. 정부의 모든 관리는 보고서를 한문으로 써야 한다. 국왕과 왕국의 역대기·포고문·수령의 명령·재판소의 판결문·과학서류·비문·통신·상인들의 회계장부·상점의 간판 등 모든 것이 한자로 쓰여진다."[3]

한편 개신교의 초대 선교사들은 입국하기 전에는, 한국 민족은 고유문자가 없는 민족인 줄로만 알았다. 그러나 직접 와서 보니 우수한 문자를 가진 문화민족이라는 사실을 알고 먼저 한국말 연구를 시작했다. 그 선교사들이 다름 아닌 스코틀랜드 출신의 존 로스(John Ross, 1841-

---

3) 샤를르 달레, 『한국천주교회사(韓國天主敎會史)』, 안응렬·최석우 공역, p.135

1915) 목사와 존 매킨타이어(John Mckintyre, 1837-?) 목사였다. 그들은 1897년에 『한국언어론』(Notes in the Corean Language)을 내었고, 『한국의 역사 · 상태 · 풍속』(Corea, it's History, Manner and Custom)을 내었다. 그들은 한글에 대하여 이렇게 표현했다.

한국인들이 사용하는 글자는 표음문자인 데다가 매우 단순하고 아름다워서 누구나 쉽게 또 빨리 배울 수 있는 글자이다.[4]

이와 같이 감탄을 하면서 존 로스 목사는 성서를 순 한글로 번역하기 시작했다. 그는 원문을 가지고 번역하고 그의 동역자 서상륜徐相崙 (1848-1926)은 중국어 성서를 가지고 번역한 것을 서로 대조하면서 번역했던 것이다. 그리하여 그들은 드디어 1882년에 『누가복음서』를, 1887년에 『예수셩교젼셔』라는 이름의 신약성서를 출판하는 데 성공했던 것이다.

또 미국 출신의 선교사 헐버트(H.B. Hulbert, 1863-1945)는 선교사이기 전에 관립 육영공원育英公院의 교사였다. 그는 목사이기 전에 역사가, 언어학자였다. 그는 『한국 망국사』(The Passing of Korea), 『한국사』(History of Korea) 등의 저자이며, 『사민필지士民必知』의 저자이다. 그는 한글의 우수성에 놀라 다음과 같이 감탄했다.

---

4) John Ross, The Christian Dawn in Corea, Muckden, Manchuria, The Korean Mission Field, July 1937, p.135

그 말의 구조와 간결함과 그 글자의 표음력에 있어 세계 어느 나라에서도 더 좋은 글자를 찾아볼 수 없다.[5]

그가 쓴 『사민필지士民必知』는 세계의 역사, 지리, 풍속 등을 담은 책인데 이것은 한국 역사상 초유의 순 한글로 된 교과서이다. 이 책은 육영공원뿐만 아니라 배재학당 등 사립학교의 정식 교과서로 사용되었다. 그는 한글의 우수성에 놀랐기 때문에 이러한 역사적 공헌을 할 수 있었던 것이다.

이와 같이 한글의 우수성은 초대 선교사들 때문에 전 세계에 알려지기 시작했다. 그리하여 유엔(UN) 기구인 유네스코(UNESCO)는 1997년에 훈민정음을 인류가 발견하거나 발전시킨 세계적 '기록문화유산'으로 지정했으며, 이보다 8년 전인 1989년에는 인류의 문맹퇴치를 위하여 '세종대왕 문맹퇴치상(King Sejong Literacy Prize)' 제도를 만들어서 문맹퇴치에 공이 많은 개인이나 나라에 해마다 상을 주고 있다.

세계의 저명한 언어학자들 중에도 한글의 우수성을 극찬하는 학자들이 많다. 가령, 서정수 교수의 논문에서는 다음과 같이 기록한다.

미국 시카고대학의 세계적인 언어학자 맥콜리(McCawley) 교수는 20년 동안이나 한글날을 손수 기념하고 있었다. 필자(서정수 교수)와의 면담에서 그는 이렇게 말했다. "저는 세계 언어학계가 한글날을 찬양하고 공

---

5) H.B. Hulbert, *History of Korea*, Vol. I , p.307

휴일로 기념하는 것은 아주 당연하고 당당한 일이라고 생각합니다. 그래서 저는 지난 20여 년 동안 해마다 한글날을 기념하고 있습니다. 동료 언어학자들과 학생들, 그리고 한글날에는 여러 가까운 친지들을 초대하여 갖가지 한국 음식을 차려 놓고 우리 모두의 한글날을 축하해 왔으며, 앞으로도 그렇게 할 것입니다.[6]

또 우리의 음성학자 이현복 교수는 「한글은 우리의 국보 1호이며 인류의 자랑」이란 논문에서, 이렇게 기록했다.

한글은 뛰어난 소리글자이다. … 이 글자는 소리 하나하나를 하나의 글자로 나타내는 것이다. 즉 닿소리와 홀소리로, ㄱ·ㄴ·ㅂ이나 ㅏ·ㅗ·ㅜ 같은 글자를 따로 따로 나타내는 것이다. … 그러나 일본의 '가나' 문자는 음절 단위로 적기 때문에 음절을 분석적으로 분해할 수 없다. … 한글은 발음기관을 상형한 세계 유일의 음성글자이다. … 한글은 구조가 조직적이고 체계적이다. 그러나 로마자에는 이러한 특성이 없다. … 한글은 만국 공통의 국제적 문자이다. … 세계 어느 나라에도 글자를 기념하는 나라는 없다."[7]

----

[6] 서정수, 「한글날을 국경일로 제정해야할 이유」, 『우리의 소원은 한글날 국경날이오』, 셋째 매, 2004, 한소리, p.140
[7] 이현복, '한글날을 국경일로' 의 둘째 매, 2004, 한세본, p.37

또한 역사철학자 한태동 교수는 그의 저서 『세종대世宗代의 음성학 音聲學』에서 다음과 같이 말했다.

> 이것(훈민정음)은 그때까지 없었고, 아직도 없는 '언어에 관한 언어'를 창작하는 작업으로서 언어 자체의 근본적인 성격을 규명하며 일반적인 구조를 밝힘과 동시에 보편적으로 쓰일 수 있는 틀을 만들어 준 것이다. 이 전무후무한 귀중한 문화의 유산은 어느 한 민족의 것이라기보다는 인류문화 전체에 대한 공헌이며 역작이 됨을 아래에 적고자 한다.[8]

(3) 한글, 인간의 형상과 하느님의 형상

신약성서에서 사도 요한은 다음과 같이 말했다.

> 태초에 말씀이 계시니라 이 말씀이 하나님과 함께 계셨으니 이 말씀은 곧 하나님이시라 그가 태초에 하나님과 함께 계셨고 만물이 그로 말미암아 지은 바 되었으니 지은 것이 하나도 그가 없이는 된 것이 없느니라 (요 1:1-3).

이것은 '말씀'은 곧 하나님이요, 예수님은 곧 '말씀'이란 뜻이다. 그리고 구약성서의 첫 번째 책 창세기도 '태초'라는 말로 시작되었다.

---

8) 한태동, 『世宗代의 音聲學』, 연세대학교출판부, 1998, p. 29

태초에 하나님이 천지를 창조하시니라(창 1:1).

하느님은 천지만물을 '말씀'으로 창조하셨다고 했다. 하느님이 빛이 있으라 말씀하시매 빛이 생겼고, 하늘과 땅이 있으라 말씀하시매 하늘과 땅이 생겼고, 또 온갖 생물이 있으라 말씀하시매 온갖 생물이 생겼다.

그런데 하느님은 오직 사람만을 독특한 존재로 창조하셨던 것이다. 즉 아담을 자기의 형상대로 창조하셨던 것이다(창 1:27). 그리고는 "생육하고 번성하여 땅에 충만하라 … 땅에 움직이는 모든 생물을 다스리라(창 1:28)"고 하셨다. 또 "동산 각종 나무의 열매는 네가 임의로 먹되 선악을 알게 하는 나무의 열매는 먹지 말라 네가 먹는 날에는 반드시 죽으리라(창 2:16-17)"라고 하셨다.

그렇다면 '하느님의 형상'은 어떤 것인가? 하느님은 성부·성자·성령 삼위일체三位一體의 신이라 한다. 성부·성자·성령의 하느님은 위순位順은 각각 다르지만 본체는 하나이며, 위치位置는 각각 다르지만 본체는 하나이며, 위상位相은 각각 다르지만 본체는 하나라는 교리이다.

이 교리는 신약성서의 어느 사도나 구약성서의 어느 선지자가 말한 것이 아니다. 이 교리는 주후 약 500년간 교회 지도자들과 일반 신도들이 당시 유행되고 있던 만유신론, 추상적인 유신론에 현혹되지 않게 하기 위하여 만든 교리인 것이다. 기독교의 하느님은 생각도 없고 변화도 없는 그런 신이 아니다. 차별도 없고 일치도 없는 그런 신이 아니라 직책에는 종류가 있고 일에는 다양성이 있는 신이라는 교리인 것이다.

그렇다면 또 인간의 형상은 어떤 것인가? 인간의 형상도 하느님의 형상의 경우와 마찬가지로 신약성서의 어느 사도나, 구약성서의 어느 선지자가 말한 적은 없다. 그러나 사도 바울은 그것을 암시한 바 있다. 즉 그는 데살로니가 교회의 교우들에게 보낸 편지에서 이렇게 말했다.

> 평강의 하나님이 친히 너희로 온전히 거룩하게 하시고 또 너희 온 영과 혼과 몸이 우리 주 예수 그리스도 강림하실 때에 흠 없게 보전되기를 원하노라(살전 5:23).

여기서 우리는 인간의 형상을 찾아볼 수 있을 것이다.
물론 삼위일체 하느님의 형상이 곧바로 인간의 형상 그 자체가 될 수는 없다. 그러나 상징적으로 대비할 수는 있지 않을까? 인간의 '영'은 '성부'의 형상이요, 인간의 '혼'은 '성령'의 형상이요, 인간의 '몸'은 '성자'의 형상이라 할 수 있지 않을까? 성서신학자 나채운 교수에 의하면, '영'은 헬라어 $\pi\nu\epsilon\nu\mu\alpha$(프뉴마)의 번역어인데, 영어의 spirit이며, '혼'은 헬라어 $\psi\nu\chi\eta$(프슈케)의 번역어인데 영어의 soul이며, '몸'은 헬라어 $\sigma\omega\mu\alpha$(쏘-마)인데 영어의 body라는 것이다.

하느님이 성부·성자·성령 삼위일체三位一體의 신인 것처럼 인간은 영·혼·몸 삼상일체三象一體의 신적 존재이다. 이 삼상三象 중 어느 것이 더 거룩하거나 덜 거룩하고, 어느 것이 더 선하거나 덜 선하고, 어느 것이 더 힘이 세거나 덜 힘이 센 존재는 아니다. 다 같은 비례로 거룩하고, 다 같은 비례로 선하고, 다 같은 비례로 힘이 센 신적인 존재이다. 다 같이 하느님에게서 받은 바 하느님의 형상이다.

그런데 '혼'이 '성령'의 형상이라는 문제에 대해서는 약간의 추가 설명이 필요할 것이다. 헬라어 원어를 떠나서 한국어와 한자어로 풀이해보면, 우선 『우리말 큰사전』(한글학회 편)에서는 "'혼'은 '넋'이며, '넋'은 사람의 몸에 붙어 있으면서 또 목숨이 붙어 있게 하며, '몸'이 죽어도 영원히 남아있다고 생각하는 초자연적인 것"이라고 했다. 이것은 생명력 즉 초자연적인 힘이라는 뜻이다. 그리고 『한자어 신자전新字典』(육당 최남선 편)에 보면, 魂(혼)은 附氣之神之身一精(부기지신지신일정) 즉 '혼'은 기와 신의 몸에 붙어 있는 하나의 정기라고 했는데, 이것도 역시 '혼'은 초자연적인 힘이라는 뜻이다.

그러고 보면 '혼'이 '성령'의 형상이라 해도 무리는 아닐 것이다. 왜냐하면 초대교회 교인들이 한 방에 모여 앉았을 때 "홀연히 하늘로부터 급하고 강한 바람같은 소리가 있어 저희 앉은 온 집에 가득하며(행 2:2)" 성령을 받아 가지고 방언을 하고 기사 이적을 행했기 때문이다. 방언을 하고 기사 이적을 행한 것은 초자연적인 힘이 없이는 불가능한 것이다. 그러므로 '혼'은 '성령'의 형상이라 할 수 있는 것이다.

교회가 아닌 YMCA도 Spirit(영), Mind(지), Body(체) 삼자三者의 정삼각형을 완전인간의 형상으로 본다. Spirit은 '영'의 대명사이고, Mind는 '혼'의 대명사이고, Body는 '몸'의 대명사이다. 어떤 한글성서는 '혼'을 '마음'으로 번역한 것도 있다.

더 길게 말할 것 없이, 인간은 삼상일체三象一體의 신적 존재이다. 인간이 신적 존재라 함은 '영'과 '혼' 때문만은 아니다. '몸'도 '영'과 '혼' 등과 꼭 같은 비례로 하느님의 형상이기 때문이다. 일반 동물도 '몸'은 가지고 있지만 그 '몸'은 하느님의 형상이 아니다. 그것은 신적 존재라 할 수 없다. 그러므로 우리 그리스도인들은 사도신경으로 신앙 고백을 할 때 "…성령을 믿사오며 … 몸이 다시 사는 것과 영원히 사는 것을 믿사옵니다."라고 하는 것이다.

한글은 인간의 발음기관을 본떠 만들어진 문자이다. 다른 문자들과는 근본적으로 다르다. 한글은 하느님의 형상대로 만들어진 인간, 즉 인간의 발음기관을 본떠 만들어진 문자이기 때문에 '몸'과 마찬가지로 신적 존재라 할 수 있다.

인간의 '몸'은 몸통과 머리통으로 구성되어 있다. 오장육부는 몸통에 들어 있고, 이목구비는 머리통에 들어 있다. 그런데 발음 즉 말소리는 몸통에 들어 있던 폐 속의 바람이 목구멍을 통해 나오다가 머리통에 붙어 있는 입·입 속의 혀·이·입술·입천장·코 등에 부딪치면서 생기는 소리다. 그런데 성서에는 '소리'라는 말이 많이 나온다. 그리고

'소리'와 관계된 '바람'·'숨'·'입'·'혀'·'방언'·'코'·'기운'·'입김' 등의 말도 많이 나온다.

하늘로서 소리가 있어 말씀하시되 이는 내 사랑하는 아들이요 내 기뻐하는 자라 하시니라(마 3:17).

홀연히 하늘로부터 급하고 강한 바람 같은 소리가 있어 저희 앉은 온 집에 가득하며 마치 불의 혀같이 갈라지는 것이…(행 2:2-3).

여호와 하나님이 땅의 흙으로 사람을 지으시고 생기를 그 코에 불어넣으시니 사람이 생령이 된지라(창 2:7).

위의 성구를 천주교와 개신교의 공동번역 성서에서는 "야훼 하느님께서 진흙으로 사람을 빚어 만드시고 '코'에 입김을 불어넣으시니 사람이 되어 '숨'을 쉬었다"고 했다.

한글학자 허웅 교수는 일찍이 훈민정음 원본을 다음과 같이 쉬운 한글로 번역한 바 있다.

ㄱ은 어금니소리니 君자의 처음 나는 소리(첫소리: 초성)와 같다. 나란히 쓰면 '叫'자의 처음 나는 소리와 같다(ㄱ牙音 如君字初發聲 竝書如叫字初發聲). ㄱ소리는 '君'자의 처음에서 나는 소리라 하며, ㄱ글자의 소리

를 일깨워 주고 있다.

이런 식으로 초성 17글자와 'ㄱ·ㄷ·ㅂ·ㅈ·ㅅ·ㆆ'을 나란히 쓴 'ㄲ·ㄸ·ㅃ·ㅉ·ㅆ·ㆅ'의 소리를 설명했는데, 이 소리들은 그 나는 자리에 따라 크게는 다섯, 작게는 일곱 가지로 나누어져 있다.

'ㄱ·ㅋ·ㆁ'는 어금니 근처를 막고 내는 소리이므로 어금니소리 牙音이라 하고 'ㄷ·ㅌ·ㄴ'은 혀끝으로 내는 소리이므로 혓소리 舌音라 하고, 'ㅂ·ㅍ·ㅁ'은 입술에서 나는 소리이므로 입술소리 脣音라 하고, 'ㅈ·ㅊ·ㅅ'은 웃니 근처에서 나는 소리이므로 잇소리 齒音라 하고, 'ㆆ·ㅎ·ㅇ'은 목에서 나는 소리이므로 목소리 喉音라 부른다.

그리고 'ㄹ'은 'ㄷ·ㅌ·ㄴ'과 같은 자리에서 나되 혀끝이 완전히 폐쇄가 되지 않은 점이 ㄷ따위와 다르므로 반혓소리 半舌音라 했으며, △은 'ㅅ·ㅈ·ㅊ'과 같은 자리에서 나되 그 성질이 조금 다르다 해서 반잇소리 半齒音라 했다.

이리하여 초성은 다섯 가지 또는 일곱 가지 소리로 나누어져 있다. 어금니소리 ㄱ·ㅋ·ㆁ / 혓소리 ㄷ·ㅌ·ㄴ / (반혓소리) ㄹ / 입술소리 ㅂ·ㅍ·ㅁ/ 잇소리 ㅈ·ㅊ·ㅅ (반잇소리) △ / 목소리 ㆆ·ㅎ·ㅇ

중성은 'ㆍ ㅡ ㅣ ㅗ ㅏ ㅜ ㅓ ㅛ ㅑ ㅠ ㅕ'의 열하나인데, 이에 대해서는 'ㆍ'는 '舌'자 가운잇소리와 같다."[9]

이상은 허웅 교수가 1940년 안동에서 발견된 '훈민정음'의 원문을

---

9) 허웅, 『한글과 민족문화』, 세종대왕기념사업회, 1974, p.68-69

한글로 번역했을 뿐만 아니라 발음이 될 때의 입·혀·입술 등의 모습을 그림으로 그리면서 설명한 것이다. 그러나 우리의 역사철학자 한태동 교수는 한 발 더 나아가 인체의 해부학적 분석과 컴퓨터 등 첨단기계로 발음기관의 변화되는 모습과 장면을 포착하여 사진으로 찍어 보이면서 설명했다.

목소리는 폐에서 압축된 공기가 기관을 통과하여 나오면서 기관의 벽을 진동시키는 데서 시작된다. 기관의 벽은 연한 섬유와 세포로 이루어진 흐물한 막으로, 압축된 공기가 통과할 때 마치 바람이 수면에 불어 파문을 형성하듯이 파상적으로 떨리기 시작한다. 기압이 성대 쪽으로 올라가면서 떨림의 빈도가 점점 높아져 약 10Hz에서 30Hz 정도를 이루게 된다. 다시 말해서 음성은 신경 근육 회로의 작용으로 시작되는 것이 아니고, 폐기압肺氣壓이 기관으로 이동되는 도중에 생겨나는 물리적 부수작용임을 지적하고 있다.[10]

그리고 그는 또 계속하여 사람의 발음기관에 대해 다음과 같이 분석했다.

사람의 신체 내에서는 많은 강腔 동胴과 관管이 있다. 그중에 소리와 관계되는 것으로는 흉곽胸廓, 기관지氣管支, 인咽, 후喉, 구口, 비鼻, 상악

---

10) 한태동, 『世宗代의 音聲學』, 연세대학출판부, 1998, p.17

동上顎胴(Maxillary Sinus), 선형동蟬形胴(Spenoid Sinus), 그리고 전위동前位胴(Frontal Sinus) 등이 있다. 이 많은 동胴, 강腔, 관管들은 제각기 그 강腔의 내부체적內部體積의 길이에 따라 자체의 기본 진동빈도 Wo을 갖고 있다.[11]

이처럼 그는 사람의 발음기관을 해부학적으로 분석하고, 그것을 또 컴퓨터 등 첨단기계로 촬영하여 보이면서 설명했던 것이다.

이상의 발음기관은 사람의 몸 전체는 아니다. 그 일부에 불과하다. 그러나 그것은 몸 가운데서 가장 귀중한 부분인 것만은 사실이다. 발음기관이라기보다 발언發言기관이라고 함이 더 적절할 것이다. 왜냐하면 하느님이 곧 '말씀'인 것처럼 사람은 곧 '말'이기 때문이다. 동물에게도 소리를 내는 발음기관은 있지만 발언發言기관은 없다. 오직 사람만이 발언기관을 가지고 있다.

…하나님의 말씀을 받은 사람들을 신이라 하셨거든(요 10:35).

그러므로 인간의 형상대로 만들어진 한글은 신적 존재일 수 있다. 사람이 만든 건축물을 신전神殿, 신당神堂, 신사神社라고 하거늘, 신적 존재인 인간의 형상대로 만들어진 한글을 신적 문자라고 해서 무슨 무리

---

11) 위 같은 책, p.24

가 있겠는가?

한글이 신적 문자라 함은 새 말이 아니다. 훈민정음 창제 때부터 있었던 말이다. 집현전 대제학 정인지鄭麟趾가 훈민정음해례訓民正音解例에서 이미 말한 바 있다. 이 말은 재미 언어학자이며 『The Korean alphabet of 1446(훈민정음)』의 저자 김석연金昔研 교수는 정인지의 말을 다음과 같이 인용했다.

정음이 지어지매 천지 만물의 이치가 다 갖추어졌으니, 참 신기롭기도 하구나! 이는 아마도 하늘이 성왕의 마음을 열고 신비로운 글자를 지을 수 있도록 하늘의 손을 빌려주심이로구나! (喉正音作而 天地萬物之理 咸備 其神矣哉 是殆天啓示 成心而 假手)라고 감탄했던 것이다.[12]

(4) 맺음말

위에서 말한 바와 같이 요한복음 1장 1절에서는, 말씀은 곧 하느님이요, 예수님은 곧 말씀이라 했다. 그리고 4절에서는 "그 안에 '생명'이 있었으니 이 '생명'은 사람들의 '빛'이라" 했다.

그런데 한글학자 주시경(1876-1914)은 "말은 인간의 사상을 담는 그릇이요, 글은 그 사상을 기록하는 기호"[13] 라고 했다. 이 말을 바꾸어서 말하면 말은 즉 인간의 사상을 담는 그릇이요 문자는 그 말을 닦는

---

12) 김석연, 『누리글과 온누리선교』, p.28
13) 허웅, 『우리말과 글에 쏟아진 사랑』, 신선인쇄소, 1979, p.319

기계라는 뜻이다. 다시 말해서 말은 생명수와 같은 것이고, 또 보석과 같은 것인데, 좋은 문자가 있어야 그 생명수를 잘 보존할 수 있고, 좋은 문자가 있어야 그 보석을 잘 빛낼 수 있다는 말이다.

한글성서는 1992년부터 1910년 사이에 번역되었다. 신약성서는 1887년에 구약성서는 1910년에 출판되었다. 그 뒤 여러 가지의 성서가 출판되었지만 '말씀' 이라는 말은 어디서나 '말씀' 이었다. '몸' 이라는 말과 마찬가지로 어디서나 '몸' 이었다. '몸' 은 한자말로는 身, 身體이지만 한글성서에서는 거의 어디서나 '몸' 이라 했다.

신체발부身體髮膚는 수지부모受之父母니 불감훼손不敢毁損이 효지시야孝之始也라는 말이 있다. 동양 성현들의 말이다. 우리의 '몸' 은 부모에게서 받은 것이므로 잘 보존하는 것이 효도의 시초라는 뜻이다. 그런데 성서는 우리의 '몸' 은 하느님께서 받은 것이므로 그것을 거룩하게 또 흠 없게 잘 지켜야 구원을 받을 수 있다고 했다. 사도 바울은 또한 다음과 같이 말했다.

> 너희 몸은 너희가 하나님께로부터 받은 바 너희 가운데 계신 성령의 전인 줄을 알지 못하느냐(고전 6:19).

> 너희 몸이 그리스도의 지체인 줄을 알지 못하느냐…(고전 6:15).

> 너희 지체를 불의의 병기로 죄에게 드리지 말고 오직 너의 자신을 죽

은 자 가운데서 다시 산 자같이 하나님께 드리며 너희 지체를 의의 병기로 하나님께 드리라(롬 6:13).

한글은 그 '몸'의 형상대로 만들어진 신적 문자이다. 그리고 한글의 '한'은 한자漢字에서 유래된 말이 아니다. '한'은 순 우리의 토박이 말이다. 한글의 '한'은 '한길'·'한울'·'한숨'의 한이다. 또 '한울(하늘)'의 '한'이요, '한가운데'·'한복판'의 '한'이요, '한옛날'·'하나'의 '한'이다. 우리 대한민국의 韓도 따지고 보면 '한'의 한자漢字말 표기에 불과하다는 것을 알아야 할 것이다. 이와 같이 한글은 그 문자의 이름부터가 신기하다. 그러므로 한글은 신적 문자인 것이 분명하다.

'한글'이란 말을 제일 먼저 쓰기 시작한 사람은 주시경 선생이다. 그는 자신의 아호까지도 '한'을 붙여서 '한힌샘'이라 했다. 대한성서공회의 집계에 따르면, 1882년부터 2004년까지 신약성서가 모두 60,549,625권이 팔렸으며, 신구약전서는 33,761,904권이 팔렸다고 한다.[14] 다른 나라 성서 반포량에 비한다면 엄청난 반포량이다. 기독교가 가장 늦게 전파되었고, 번역이 가장 짧은 기간에 이루어진 한글성서가 이처럼 많이 반포된 것은 기적이 아닐 수 없다. 이 기적은 우리말 성서가 한글로 되었기 때문은 아닐까? "새 포도주는 새 부대에 넣어야(마

---

14) 대한성서공회, 2004년도 사업보고·국내 성서반포 현황보고

9:17)" 하는 것처럼 우리말 성서가 새 부대이기 때문은 아닐까?

한글에다 성서적 의미를 부여하는 사람은 아직까지 찾아보기 어렵다. 그러나 나는 감히 한글의 성서적 의미를 주장한다. 이것은 순 억지라, 일고의 가치도 없다고만 주장하지 말고 학계의 진지한 검토가 있기를 바란다. 신학자와 언어학자들의 평가와 지도 편달이 절실히 요구된다 하겠다.